UN BOUQUIN N'EST PAS UN LIVRE

DU MÊME AUTEUR

Philippe Delerm et le minimalisme positif
Le Rocher, 2005

La Mandarine blanche
récit
Le Rocher, 2005

Coxyde
récit
Le Somnambule équivoque, 2006

Rémi Bertrand

UN BOUQUIN N'EST PAS UN LIVRE

LES NUANCES DES SYNONYMES

Illustrations Hervé Tullet

INÉDIT

Points

www.remibertrand.net

TEXTE INTÉGRAL

ISBN 978-2-7578-0086-7

LE GOÛT DES MOTS

UNE COLLECTION DIRIGÉE PAR PHILIPPE DELERM

Les mots nous intimident. Ils sont là, mais semblent dépasser nos pensées, nos émotions, nos sensations. Souvent, nous disons : « Je ne trouve pas les mots ». Pourtant, les mots ne seraient rien sans nous. Ils sont déçus de rencontrer notre respect, quand ils voudraient notre amitié. Pour les apprivoiser, il faut les soupeser, les regarder, apprendre leurs histoires, et puis jouer avec eux, sourire avec eux. Les approcher pour mieux les savourer, les saluer, et toujours un peu en retrait se dire : « Je l'ai sur le bout de la langue – le goût du mot qui ne me manque déjà plus. »

Ph. D.

Ouverture du bocal

Un bocal ? Quel bocal ? Eh bien, celui que vous avez en main… Celui que vous êtes en train d'ouvrir, de feuilleter, de sentir ! Une bonbonnière de synonymes, rien que pour vous.

Le couvercle vous a attiré, avec ses grandes lettres vertes et bleues sur fond blanc, ses bonbons presque jumeaux, séparés – si peu – par la molle vaguelette d'un sous-titre tout en nuances. Vous avez distraitement saisi l'objet, petit parallélépipède rectangle souple, vous l'avez retourné pour lire la quatrième de couvercle. L'instant (le moment ?) d'après, très vite et d'une traite, vous l'avez feuilleté – avec le pouce, en partant de la fin –, puis vous avez recommencé, suspendant le geste au hasard des pages, pour voler quelques bribes d'avant-goût à travers le verre du bocal encore scellé…

À présent, c'est l'ouverture. Vous êtes décidé, ou presque. Le couvercle oppose encore une ultime et légère résistance. Juste le temps d'apprécier l'essentiel, infime, de vous laisser convaincre ou persuader… De vous faire un avis ou de vous forger une opinion. De peser le pour et le contre, entre le besoin et l'envie de croquer ces sucreries…

Car il s'agit bien de friandises. Les synonymes sont comme ces deux bonbons, sur le couvercle, semblables (identiques ?) en tous points sauf par la couleur de leur emballage et par leur goût (leur saveur ?) sur la langue – pas forcément française. Or, vous le savez : les goûts et les couleurs, ça ne se discute pas ! Les miens ne seront pas toujours les vôtres : ils dépendent moins des bonbons mêmes que des bouches qui s'en délectent… Vous en aurez la certitude – et vous vous en amuserez – en découvrant, guidé par votre gourmandise, les subtilités de sens, les différences de perception entre plusieurs termes proches, bref : l'art de la nuance.

Mêlant les croquis de la vie quotidienne à l'éclairage de l'étymologie, le parcours historique d'un mot à ses échos contemporains, ces petites chroniques panachées sont autant de commentaires « de table » (rôtie ou tartine grillée ?), alliant la connaissance à la bonne humeur. Des petits « plaisirs savants » qui n'ont jamais deux fois le même goût.

Ceci est… un livre ? un bouquin ? Ni l'un ni l'autre ; un florilège de bonbons. Le bocal (la boîte à bonbons ?) est ouvert(e). Servez-vous !

Rémi Bertrand

abouti, accompli

La chose *aboutie* et la chose *accomplie* sont toutes deux achevées[1] et en cela sont synonymes ; mais l'une est durable, l'autre pas : en cela, elles diffèrent.

Une chose *aboutie* est à la fin d'un processus ; une chose *accomplie* est, en outre, au début d'un déclin. L'une est terminée *ad vitam aeternam* ; l'autre est au sommet, entre deux pentes. Est *abouti* ce qui est « au bout » ; est *accompli* ce qui est « rempli » (du latin *complere*, « remplir ») et qui peut donc… se vider.

Ce qui est *abouti* est acquis ; ce qui est *accompli* est fragile. L'*aboutissement* est le résultat – heureux ou malheureux – d'un enchaînement de situations ; l'*accomplissement* est la situation d'un enchaînement appelée à engendrer un nouvel enchaînement de situations – autrement dit, l'*accomplissement* est la situation intermédiaire entre deux enchaînements.

Est *aboutie* toute chose qui est achevée et dont l'état d'achèvement ne peut plus changer : la chose bâclée est en principe son contraire. On parle d'un

1. On parle d'ailleurs, en grammaire, de la catégorie des « verbes accomplis » pour désigner ceux exprimant une action achevée.

« roman abouti » lorsque ses ressources ont été exploitées jusqu'au « bout » par l'auteur. On dit « Les négociations ont enfin abouti » lorsque celles-ci ont pris fin grâce à un accord passé entre les parties adverses : seules de nouvelles négociations permettront d'établir un nouvel accord, et ainsi de suite. À noter malgré tout que des négociations menées trop vite peuvent *aboutir* à un accord bâclé…

Est *accomplie* toute chose qui est achevée et dont l'état d'achèvement ne durera pas : la chose incomplète est son contraire. Ce qui est *abouti* est fermé ; ce qui est *accompli* est ouvert : une chose *accomplie* est une chose épanouie. L'*accomplissement* est un état de grâce qui contient à la fois l'*aboutissement* d'un passé et la promesse – la certitude – d'une extinction à venir. On dit « une femme accomplie » et on la félicite de son épanouissement. Je me souviens d'une lectrice non francophone qui, dans une lettre à un écrivain qui lui était cher, évoquait le cadre l'entourant et écrivait : « Le paysage d'automne est accompli. » *Accompli* : au faîte de son déploiement. Donc, fragile, précaire, prêt à finir, au commencement de la fin…

C'est la solidité de la chose *aboutie* qui en fait sa puissance ; c'est la fragilité de la chose *accomplie* qui en fait sa valeur.

ABUS EXCÈS

abus, excès

On reproche à quelqu'un ses *excès* ; on le punit pour ses *abus*. Pourtant, étymologiquement, l'*abus* n'est que la « consommation complète » d'une chose (du latin *abusus*, venant de *abuti*, « épuiser »), alors que c'est l'*excès* qui en est la surconsommation (du latin *excessus*, « sortie », venant de *excedere*, « sortir », « dépasser la mesure »).

La réalité ne tient pas compte de l'étymologie courante. L'*abus* (venant selon une autre étymologie, de *ab-* avec l'idée de mal et de *usus*, « l'usage ») est moins dans l'usage « entier », ou démesuré, que l'on fait de quelque chose, que dans la nature mauvaise de cet usage ; en principe, l'*excès* vaudrait uniquement par la démesure de celui-ci. L'*abus* commence là où s'arrête l'*excès* : au constat de la démesure succède sa désapprobation. L'*excès* vise le fait ; l'*abus*, le jugement.

L'*abus* serait une « démesure » concernant autrui (« Il a été victime d'un abus de confiance ») ; l'*excès*, plutôt une « démesure » infligée à soi-même (l'« excès de confiance » est le danger auquel se livrent les gens suffisants) : ne dit-on pas « J'ai fait des excès » lorsqu'on réalise avoir dépassé trop largement ses limites ? Ce que l'on condamne dans l'*abus*, c'est l'atteinte portée à l'autre (parfois avec son consentement : dans ce cas, la victime ne prend conscience de l'*abus* qu'*a posteriori*) ; ce que l'on recherche dans l'*excès*, c'est le dépassement de ses propres limites (on fait de l'« excès de zèle »).

Agir avec *abus*, c'est tromper, *abuser* ; agir avec *excès*, ce n'est qu'user outre mesure, *excéder*. On ne peut interdire à quelqu'un d'être *excessif* ; on ne tolère rien qui soit *abusif*. L'*excès* est un dérapage (une « sortie » par rapport à une norme) ; l'*abus*, une faute (ne dit-on pas « C'est un abus de croire que... » ?).

Un même fait considéré par d'aucuns (dont les responsables du fait) comme un *excès* devient un *abus* pour d'autres (les victimes, l'autorité...), ou inversement. On peut boire avec *excès* et ensuite se faire arrêter sur la route pour *abus* de boisson alcoolisée. L'*excès* concerne la sphère privée ; l'*abus*, la vie en société : et pourtant, que dire du fameux... *excès* de vitesse ? Il reste étymologiquement correct, mais en se fiant à la pratique du langage, on aurait plutôt dû parler d'un *abus*... La plupart des *excès* condamnés par la loi ne sont-ils pas davantage des *abus* ? L'« abus de pouvoir » (l'« excès de pouvoir » est moins marqué), l'« abus sexuel » (l'expression « excès sexuel » n'existe pas : à la limite pourrait-on l'utiliser pour évoquer un certain « excès de zèle » sous les couettes...), etc.

Il est parfois *excessif* de parler d'*abus* ; il est rarement *abusif* de parler d'*excès*.

agenda, calendrier

L'*agenda*, faut-il le dire, est ce petit carnet dont chaque page correspond à un jour de l'année et où l'on note les choses que l'on doit faire à telle date à telle heure (le mot « agenda » a été emprunté, au XVIe siècle, à une forme du verbe latin *agere* – « agir » – signifiant « ce qui doit être fait »). Le *calendrier* désigne d'abord un système particulier de division du temps en années, mois et jours (les calendriers julien, grégorien, républicain...). Pas d'*agenda* sans *calendrier* : le *calendrier* détermine l'*agenda*.

Appréhendé comme objet, punaisé au mur (forme la plus répandue), le *calendrier*, grâce auquel on éprouve chaque mois la jubilation de découvrir une nouvelle page illustrée, a peu à voir avec l'austérité de l'*agenda* classique. Pourtant, historiquement, le *calendrier* se présentait sous la forme d'un... *agenda* : le *calendarium* romain désignait le registre où l'on inscrivait les dettes (le mot est dérivé de *calendae*, « le premier jour du mois », c'est-à-dire le jour où l'on payait les intérêts).

L'*agenda* appartient aux gens surchargés ou qui feignent de l'être ; le *calendrier* est là pour tout le monde, à titre de repère. On « consulte » son *agenda*, en grimaçant (on n'a plus une soirée de libre) ; on regarde le *calendrier*, par principe, pour s'assurer qu'on n'a pas, justement, une invitation ce jour-là (quel manque de pot !)...

L'*agenda* vaut d'abord par son côté pratique ; le *calendrier* se doit, en outre, d'être présentable. L'un n'est pas destiné à être vu ; l'autre est susceptible d'arrêter le regard du visiteur. L'*agenda* se met en poche ; le *calendrier* pend au mur, près du frigo. On ne tolérerait pas qu'un « étranger » feuillette notre *agenda* mais qu'il jette un coup d'œil sur notre *calendrier* fait partie du jeu. Nous optons pour l'*agenda* dont nous approuvons la structure ; le choix du *calendrier* (illustré, s'entend) est soumis à d'autres critères : c'est un compromis entre un goût personnel et ce que l'on acceptera d'en montrer. Qui est capable de décrire l'*agenda* de ses beaux-parents ? À l'inverse, on voit très bien leur *calendrier*, fixé sur le côté d'une armoire, dans la cuisine : illustrations de petits chiens, des cavaliers king charles – célébration du leur. Ailleurs, on trouvera une autre intimité offerte, selon l'habitant (ami, étudiante, célibataire, écolo...) et selon le lieu (bureau, chambre...) : *calendrier* « chanteurs » chez l'un, *calendrier* Van Gogh chez l'autre, un *calendrier* « voitures » ici, le Calendrier Pirelli là-bas...

Et bien sûr, le traditionnel *calendrier* des Postes ! Baptisé officiellement « Almanach des Postes » en 1855 puis, tour à tour, « Almanach des Postes, Télégraphes et Téléphones », « Almanach des PTT » et enfin « Almanach du Facteur », ce *calendrier*, carton illustré recto verso et comprenant six mois de chaque côté, est l'un des plus populaires en France. L'*agenda* ne jouit pas d'une telle généalogie et ne suscite pas la même ferveur ; à l'inverse, le *calendrier* des Postes, qui a une place privilégiée dans nos maisons, est un vrai témoin de son époque, grâce à ses illustrations : tranches de vie quotidienne, animaux, paysages, loisirs... Malgré le côté aseptisé de ces images, l'historien peut y déceler des indices sur l'évolution des mentalités, de la famille, du statut de la femme... Le *calendrier* des Postes a également été un outil de propagande : *exit* les images de violence, même – surtout – pendant les deux guerres mondiales ! On nous impose des scènes de poilus apaisés ; plus tard, le portrait du général de Gaulle se substitue à celui du maréchal Pétain...

Mais, au fait, qu'est-ce qu'un « almanach » ? C'est un *calendrier* ou un... *agenda* (tiens, tiens) dans lesquels chaque jour est accompagné d'informations diverses : phases de la lune, jours fériés, levers et couchers du soleil, saints à fêter, ou encore dictons météorologiques, citations amusantes, horoscopes, caricatures, rappels des événements qui se sont déroulés le même jour, commentaires sur des personnalités... L'*Almanach Vermot*, et son ancestrale couverture rouge, est bien sûr la référence en la matière ! Mais... *calendrier* ou *agenda* ? L'almanach semble réconcilier nos deux termes.

N'oublions pas le *calendrier* farceur ! Bien plus petit qu'un *agenda*, il se présente sous la forme d'un carnet (5 × 6 cm) dont les feuillets, à retirer chaque jour, sont presque entièrement recouverts par la date en chiffres rouges, démesurément grands par rapport à la surface du rectangle. Le meilleur moment : le matin, quand on détache le petit papier – on le retourne aussitôt pour lire la... « blague du jour » (qui est au verso du feuillet de la veille...). Au hasard :

> « Je vais systématiquement à toutes les premières de film, pour pouvoir faire la conversation.
> – Mais, dites-moi, ça ne gêne pas les autres spectateurs ? »

L'*Almanach Vermot* pratique également cet humour dévastateur que les mangeurs de Carambar connaissent bien :

> « À l'hôpital :
> – Monsieur, j'ai deux nouvelles à vous annoncer : une bonne et une mauvaise. D'abord, la mauvaise : j'ai dû vous amputer des deux jambes. La bonne : votre voisin de lit vous achète vos chaussures. »

Ainsi le *calendrier* s'est-il distingué en se montrant plus « drôle » que l'austère *agenda*... Est donc arrivé ce qui devait arriver : les *agendas* se sont mis à imiter les principes du... *calendrier* thématique et de l'almanach humoristique pour attirer les chalands : on y découvre de plus en plus de héros ponctuant les pages, par exemple, de commentaires philosophiques sur le passage du temps (*Le Chat* de Philippe Geluck : « Dans le passé, il y avait plus de futur que maintenant ») ou d'invitations à dessiner un mouton...

Au-delà de ces rapprochements, on se demande, en fin de compte, en quoi « calendrier » et « agenda » peuvent être vraiment synonymes… Il suffit d'ouvrir un journal : « L'agenda du gouvernement est chamboulé », lit-on ici ; « Le calendrier des travaux a été établi », découvre-t-on ailleurs… *Agenda*, *calendrier* : programme. La nuance est affaire de durée. L'*agenda* viserait une période déterminée (l'« agenda culturel » du mois, de la semaine…) ; le *calendrier* est la prévision du déroulement, étape par étape et date par date, d'une tâche à accomplir : on préfère parfois dire « planning » (« J'ai un planning très chargé »). Il est toujours gênant de perturber un *agenda* ; quel *calendrier* a jamais été respecté ?

Pour finir, le comble du *calendrier* mural, c'est qu'il peut servir d'*agenda* ! Chaque jour possédant sa petite case, on y inscrit, à la va-vite, presque distraitement, les « choses à faire »… Grâce à cette astuce, les réfractaires à l'*agenda* se donnent l'impression de préserver leur liberté : le temps n'est pas à structurer, il faut se laisser traverser.

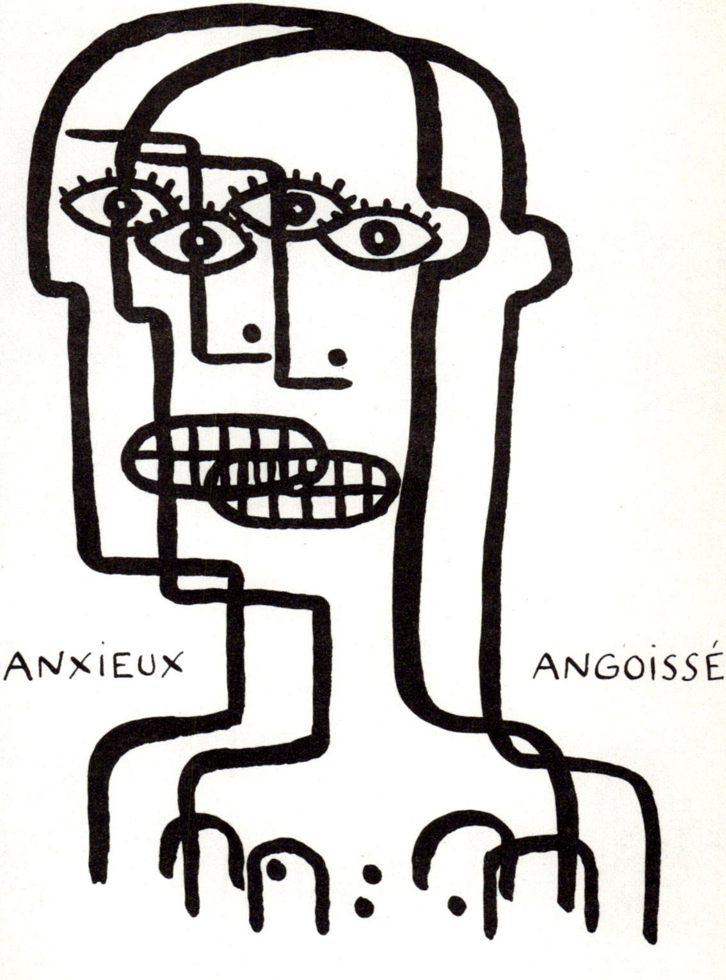
ANXIEUX
ANGOISSÉ

angoissé, anxieux

Angoissé vient du nom latin *angustia*, « défilé », « passage resserré ». *Anxieux*, du verbe latin *angere*, « serrer », « étrangler ». L'*angoissé* et l'*anxieux* conduisent à la même description médicale : les deux cas se caractérisent indistinctement par un sentiment de resserrement à la région épigastrique (partie supérieure de l'abdomen). Bref, à s'en tenir à leur étymologie et à ce symptôme, ces termes – tantôt adjectifs, tantôt substantifs – désignent exactement la même chose et participent à l'engorgement des dictionnaires... Mais la synonymie s'arrête à cet examen clinique simpliste et incomplet ; le langage a ses nuances que l'apprenti toubib ne connaît pas.

Parachevons d'abord le diagnostic. L'être *angoissé* et l'être *anxieux* ne se distingueraient-ils pas par des indices plus nuancés, par des tendances spécifiques ? « Anxieux » vise le sentiment plutôt dans son aspect psychique, bien que l'organisme en pâtisse ; « angoissé », dans ses manifestations physiques, bien que l'esprit soit la source de ces troubles visibles. L'individu *anxieux* ressent davantage le tourment de son esprit (« Je suis en proie à une vive anxiété ») ; l'individu *angoissé* se souvient surtout qu'il a un corps, par le truchement du mal que celui-ci lui inflige : difficultés respiratoires, palpitations, diarrhée, « boule dans la gorge »... Le bâillon répondant au nom original de « poire d'angoisse » n'était-il pas un instrument de torture ? Ainsi croise-t-on des « regards anxieux », les yeux se situant près du siège de l'esprit ; de façon plus spectaculaire, on est toujours à la merci d'une « crise d'angoisse » : le corps ne cache pas sa complicité dans ces moments pénibles...

Les causes du sentiment, ensuite. Est *angoissé*, celui dont le dérangement est motivé par un objet précis (« Je suis angoissé par l'approche des examens ») ; *anxieux*, celui qui sans répit est obsédé par la « crainte des possibles », l'indétermination de ce qui adviendra, voire par l'existence elle-même. Ces individus sont tous deux inquiets – euphémisme qui n'indique rien si ce n'est l'« absence de repos » (des mots latins, *in-*, « ne pas », et *quietus*, « paisible », « en repos ») –, mais avec des formes d'inquiétude opposées : l'objet de l'*anxiété* serait mal défini, celui de l'*angoisse* serait plus ou moins proche et précis. On est *anxieux* ou on ne l'est pas ; on n'est *angoissé* que par la perspective d'un événement attendu avec appréhension.

Ainsi l'*anxieux* le serait-il plutôt de caractère ; l'*angoissé*, par comportement. On dit « un anxieux » et l'on vise l'être dans sa nature. Mais ne dit-on pas également « un angoissé » ? Certes, mais en réalité on désigne de la sorte un individu qui a pour habitude d'être *angoissé* par le moindre souci et qui ne l'est « que » lorsqu'il rencontre un souci (mais il s'en fait facilement...) : lorsque l'obstacle est franchi, l'inquiétude tombe. L'*anxieux* l'est par nature ; l'*angoissé*, selon les circonstances. L'*angoissé* est en conflit avec le monde ; l'*anxieux*, avec lui-même. Le premier se défend contre l'extérieur ; le second vit un drame intérieur. On rencontre des « situations » angoissantes (ou stressantes...) ; on ne peut suggérer que des « facteurs » anxiogènes...

Des remèdes ? Si l'*anxieux* vit en permanence dans un tel état, on lui propose des anxiolytiques ; si l'*angoissé* y recourt aussi en cas extrême, il se débrouille en général avec des moyens plus simples (cigarettes, massages, yoga...). Il faut remarquer qu'il existe un cas où un individu peut être *anxieux*, à l'instar de son confrère *angoissé*, à l'idée d'un événement précis : « Je suis anxieux de partir en vacances » désigne à la fois l'impatience et la crainte (mais celle-ci porte sur l'incertitude concernant le déroulement du séjour), alors que « Je suis angoissé de partir en vacances » met en avant le stress de l'exil et ne dit rien du désir de mettre les voiles ! On est *anxieux* du « résultat » d'un événement (« Je suis anxieux de réussir cet examen ») ; on est *angoissé* par l'événement lui-même (« Je suis angoissé par cet examen »). La meilleure façon de devancer l'*anxiété* serait de consulter un... devin ; contre l'*angoisse*, il n'existe aucun antidote idéal...

Enfin, n'oublions pas la fameuse « angoisse existentielle » et son application philosophique ! Que dit Sartre, dans *L'existentialisme est un humanisme* ? « L'homme est angoisse. Cela signifie ceci : l'homme qui s'engage et qui se rend compte qu'il est non seulement celui qu'il choisit d'être, mais encore un législateur choisissant en même temps que soi l'humanité entière, ne saurait échapper au sentiment de sa totale et profonde responsabilité. »

Ouf ! Résumons. Pour le binoclard de Saint-Germain-des-Prés, l'*angoisse* vient à l'homme au moment où, face au néant, celui-ci découvre sa liberté, donc sa responsabilité (« L'homme n'est rien d'autre que ce qu'il se fait »). L'*angoissé* l'est par sa liberté. Semblable au sentiment de quiconque a l'embarras du choix et est obligé de choisir, cette « angoisse existentielle » est la condition même de l'action de l'individu : dès qu'elle advient, c'est pour la vie – le label d'« anxiété existentielle » lui eût mieux convenu ! Mais Sartre, qui n'avait évidemment pas lu mon ouvrage, mêle indifféremment les synonymes : « Certes, beaucoup de gens ne sont pas anxieux ; mais nous prétendons qu'ils se masquent leur angoisse... » Une chose est sûre : loin de ces gens de « mauvaise foi », Jean-Paul – comme tout écrivain – n'était probablement en paix ni avec lui-même ni avec le monde : un exemple, parmi d'autres, d'*anxieux angoissé*...

avis, opinion

Ces deux termes désignent le sentiment qu'on a d'une chose et en cela ils sont synonymes ; mais le premier semble déjà avoir la valeur d'une décision, alors que le second se complaît dans une incertitude qui fait à la fois sa puissance et sa fragilité. L'*avis* tombe comme une sentence de tribunal, bien qu'il puisse être abrogé aussitôt par un autre *avis*, aussi fulgurant ; l'*opinion* n'est jamais arrêtée, mais ne se substitue complètement à une autre *opinion* qu'au terme d'une lente évolution.

L'*avis* est un paradoxe (des mots grecs *para*, « contre », et *doxa*, « opinion »), c'est-à-dire un raisonnement qui contient sa propre contradiction : il a beau jouer de ses airs de jugement tranché et irréversible, l'*avis* ne dure pas. C'est bien connu : il n'y a que les imbéciles qui ne changent pas d'*avis* ! J'ajouterai que ceux qui changent d'*avis* à tout bout de champ n'en sont pas pour autant des lumières... La preuve : il y a les gens qui ont des *opinions* et ceux qui ont un *avis* sur tout. Sur ce plan, l'*avis* est souvent proclamé sans réflexion approfondie ; l'*opinion* apparaît après un chemin difficile qui a demandé à l'individu une véritable remise en cause intérieure : ou plutôt, l'*opinion* est ce chemin même (on « se forge une opinion »). L'*opinion* est la voix du philosophe ; l'*avis*, le jugement du premier venu. La véritable *opinion* est une denrée en voie de disparition ; l'*avis* se rencontre au coin de la rue, au comptoir d'un café. Il est plus facile de changer d'*avis* que d'agir sur l'*opinion* : on « change d'avis comme de chemise » ; l'*opinion* demande lenteur, consultation, mûrissement.

Une impression causée par le langage consiste à croire que l'*opinion* est plutôt un sentiment collectif, et l'*avis*, plutôt une considération personnelle. D'une part, « opinion » est un terme que l'on entend essentiellement dans l'expression « opinion publique » – plus que jamais dans notre société des médias où l'on ne manque pas de « sonder l'opinion » au moindre événement politique, au sens étymologique du terme (X % des Belges sont contre la séparation, X % des Français sont contre le CPE, X % des Américains sont pour la guerre en Irak, etc.). D'autre part, « avis » est généralement accolé à un déterminant possessif singulier (« Tu m'as demandé *mon* avis, je te l'ai donné ! », « Veuillez donner *votre* avis sur la candidature de monsieur X », « À *ton* avis ? ») ou à un complément de nom visant un individu ou un groupe restreint (« On attend l'avis *des experts* », « l'avis *de la Cour* »). D'ailleurs, l'évolution linguistique ne contredit pas cette hypothèse : « avis » vient du latin *visum*, de *videre* qui signifie « voir ». L'*avis* est une manière de voir ; quoi de plus personnel que le regard ?

Le rapport de l'*avis* et de l'*opinion* à la collectivité n'est pas une question vaine, car, en fin de compte, il engage une dimension fondamentale : le partage.

Un individu peut prétendre avoir des *opinions* religieuses particulières en revendiquant son indépendance spirituelle ; en réalité, il est plus que probable qu'il les partage malgré lui avec, au mieux, d'autres hommes isolés, au pis, une communauté établie. Quant à l'*avis*, il ne semble pouvoir être partagé que d'homme à homme (« Je partage ton avis »), suivant le modèle de l'onde d'eau qui se propage en cercles à la fois de plus en plus grands et de plus en plus diffus, ou par une sorte d'hypocrisie dictatoriale (les « avis à la population » placardés en ville soumettent au jugement des citoyens un *avis* des autorités en même temps qu'ils l'entérinent par l'affichage même...). Ainsi, l'*opinion* ne serait jamais tout à fait l'affaire d'un seul homme ; l'*avis* ne serait jamais tout à fait l'affaire de tous.

Êtes-vous de cet *avis* ? Après tout, c'est une affaire d'*opinion* !

BESOIN
ENVIE

besoin, envie

Le *besoin* est une nécessité de premier ordre ; l'*envie* serait comme un *besoin* de seconde zone. Le *besoin* est une évidence ; l'*envie*, un paradoxe.

Si l'*envie* est un *besoin* de luxe, *a priori* non nécessaire à la survie de l'individu, le *besoin* est-il, quant à lui, l'*envie* du nécessiteux ? Il me semble téméraire de parler d'« envie » pour évoquer une telle situation : le clochard est « dans le besoin » avant d'avoir *envie*. De quoi pourrait-il d'ailleurs encore (ou déjà ?) « avoir envie » ? D'échapper à sa condition et de retrouver ou d'accéder enfin aux bases d'une vie normale (l'argent nécessaire au loyer et à l'assiette) ? Soyons clair : pour l'être humain recroquevillé sur un carton au coin de la rue, il ne peut s'agir d'une *envie* – avec l'idée de caprice véhiculée par ce terme –, mais d'un *besoin* – celui qui, précisément, fonde son statut de SDF. Un *besoin* qui, certes, l'amène à avoir… *envie* d'une vie meilleure. L'*envie* n'est alors plus très loin du rêve !

On l'aura deviné : entre le *besoin* et l'*envie*, l'enjeu est de l'ordre de la possession. C'est dans leur confrontation aux situations extrêmes du réel que les mots se distinguent les uns des autres en dévoilant leur unicité. L'idée de possession prend pour chacun des termes qui nous occupent une dimension particulière qui a pour nom : le manque. Le *besoin* serait le manque de ce que l'on a déjà eu ; l'*envie* serait le manque de ce que l'on n'a pas encore.

Le *besoin* disparaît quand il est satisfait ; l'*envie* renaît à chacun de ses assouvissements. Cependant, le *besoin* fonctionne quelquefois comme l'*envie* : à sa satisfaction succède tôt ou tard un nouvel état de manque, qui à son tour entraîne la nécessité de satisfaire le *besoin* à nouveau présent. Mais il me semble que le mécanisme du *besoin* est plus aliénant que celui de l'*envie* : le *besoin* qui resurgit est toujours le même (le *besoin* de manger, par exemple, se manifeste à heures régulières), alors que l'*envie* comblée engendre une *envie* toujours différente, plus exigeante. Il suffit de fredonner la chanson *Foule sentimentale* pour se le rappeler : « … le rose qu'on nous propose d'avoir les quantités de choses qui donnent envie d'autre chose… » Cette idée d'insatisfaction permanente n'a pas attendu le talent mélodique et poétique de Souchon pour se cristalliser dans la réflexion de l'homme sur la possibilité du bonheur. Platon avait déjà compris que l'*envie* est manque et que, par conséquent, si le bonheur se définit par l'assouvissement des désirs (ou de l'*envie*), nous sommes voués au malheur – en effet, dès que nous avons ce dont nous avions *envie*, nous n'avons plus *envie* de ce que nous avons… D'où la régénération de l'*envie* dès qu'elle est satisfaite : on veut toujours autre chose, toujours plus, toujours mieux.

Le *besoin*, quant à lui, est moins original et plus contraignant : dans sa forme la plus naturelle et la plus courante, le *besoin* n'est jamais satisfait que provisoirement puisqu'il resurgit, toujours à l'identique, en fonction de cycles variables. « Moins original » : j'entends par là que le *besoin* apparaît comme une obligation qui n'enrichit pas le quotidien de l'individu. L'évolution linguistique en dit long : « besoin » viendrait du francique *bisunnia*, signifiant « souci ». Pour aggraver le cas : « besogne » a la même étymologie... Le *besoin* est donc une contrainte ; l'*envie*, une gourmandise. Le *besoin* se montre tel qu'il est, sans complaisance ; l'*envie* enchaîne l'homme mais a la délicatesse d'avoir un goût de liberté. Le *besoin* se définit par sa nécessité vitale ; l'*envie* porte sur un élément dont on ignorait qu'on aurait... *besoin*. Le *besoin* est une dépendance ; l'*envie*, une surenchère. Un manque, dans les deux cas.

Le *besoin* est « animal » ; l'*envie*, c'est du *besoin* créé par la société. Au moment précis où je cherche un exemple pour illustrer cet aspect, je reçois un SMS (ou un texto ?) : « Info Proximus : envie de rester informé de nos offres ? Envoyez un SMS gratuit au 2323 avec le message EMAILOUI, suivi d'un espace et de votre adresse e-mail. » Voilà comment la société fabrique du *besoin*, donc de l'*envie*, comme n'hésite pas à l'affirmer mon opérateur !

Le *besoin* concerne l'individu seul ; l'*envie* naît du contact des autres (on « envie » toujours la situation du voisin). L'idée se précise : l'*envie* a rapport au désir. Un coup d'œil sur l'étymologie est révélateur : « envie » vient du latin *invidia*, signifiant aussi bien « jalousie » que « haine ». Jalousie de ce que les autres ont et que l'on n'a pas. Haine de ce que les autres sont et que l'on n'est pas. Donc, manque. Donc, désir. Donc… *envie*. La nature a créé le *besoin* ; les hommes ont créé l'*envie*.

Le *besoin* est « animal »… Il faut entendre par là que le *besoin* se justifie souvent par la nature (on a des « besoins naturels ») ; le recours à l'excuse physiologique deviendrait douteux dès qu'on parle d'*envie*. Mais évitons les dichotomies catégoriques. On « fait ses besoins », mais on doit parfois soulager une… « envie pressante » ! Et que dire de l'*envie* charnelle ? Caprice ou impératif naturel ? C'est tout le charme de l'*envie* sexuelle : le désir de l'autre mêle le primaire *besoin* sexuel (nécessité des organes et des hormones) au jeu des relations humaines. Notons qu'il faut veiller à adapter son vocabulaire aux circonstances et au caractère de l'interlocuteur : en ce domaine, « envie » n'est pas toujours plus adéquat que « besoin ». « J'ai besoin de toi pour vivre » rassure le ou la partenaire sur sa nécessité et son unicité ; « J'ai envie de toi » excite le désir mutuel mais a l'éclat d'un feu d'artifice : lorsque le… *besoin* aura été satisfait, que restera-t-il de l'*envie* ?

« L'envie est une gourmandise », ai-je écrit. En fin de compte, ce qui me plaît surtout dans le mot « envie », c'est ce qu'il « dit » dès qu'on le prononce : *envie*, « en vie ». Fausse étymologie, bien sûr, mais tellement tentante… L'*envie*, n'est-ce pas ce qui nous porte, ce qui nous fait rencontrer autrui et qui nous révèle à nous-mêmes ? Imagine-t-on une vie sans *envie(s)* ?

Pour avancer, j'ai *besoin* d'avoir *envie*.

CIGARETTE CLOPE

cigarette, clope

Objets parfaitement identiques. La différence est mentale.

La *cigarette* est un objet de mort ; la *clope*, un objet de plaisir. La société a fait de la *cigarette* une véritable arme… à feu ; la *clope* est restée ce qu'était la *cigarette* avant le retournement de veste des médias : un moment de détente voluptueuse, à partager ou à griller en solitaire – du temps volé au temps.

Cigarette et *clope*. L'évolution sociale a enfermé le premier terme dans un sens morbide ; le second tient toujours tranquillement au bec, au féminin ou au masculin – « une » *clope* désigne la tige entière ; « un » *clope*, le mégot (on entend Noir Désir, dans *Marlène* : « …comme un clope entre tes doigts… ») : autrefois, on les récupérait pour se refaire « une » *clope*, chose aujourd'hui impossible avec les *cigarettes* dont le… *clope* est un filtre.

Autorités et médias ont déclaré la guerre à la *cigarette* ; la *clope* serait donc permise… Ainsi les slogans n'en veulent-ils pratiquement qu'à la *cigarette* – du trentenaire et tendre « Une cigarette écrasée c'est un peu de liberté gagnée » à l'implacable « La cigarette tue » (décliné aujourd'hui sous toutes les formes sur les paquets mêmes et dans des clips chocs), en passant par le pragmatique « C'est surprenant tout ce qu'on peut mettre dans une cigarette », accompagné d'une description minutieuse des composants chimiques. La *clope* échapperait à la campagne de dénigrement – bien que l'on trouve quelques rimes faciles comme « Stop la clope ! » et l'une ou l'autre du même tabac…

La culpabilisation des fumeurs (de *cigarettes*, s'entend) est plus que jamais dans l'air du temps : non contents de détruire leur santé, ils consumeraient insidieusement leurs voisins à petit feu… L'inoffensive *clope*, que tout le monde oublie, en devient d'autant plus délectable ! Aujourd'hui, le fumeur de *cigarettes* est un assassin ; la *clope* serait le seul moyen de retrouver le simple plaisir de fumer en toute innocence. Un « plaisir », fumer ? Allons bon ! Comme je vous le dis, mais l'exercice est d'autant plus ardu qu'il faut, pour y parvenir, faire abstraction du discours médiatique et de certaines réalités économiques, ainsi que le chante Sanseverino dans *La cigarette* :

> Fume, fume cette cigarette, grille des mégots de vieux clopos
> Sur des conseils de médecine lus dans *Poumons Magazine*
> Fume, fume et puis oublie les détergents qu'il y a dedans
> Les bénéfices de l'État, la marge de la Seita.

J'ai fumé des *cigarettes* quotidiennement pendant un an, par besoin (social, puis physique) ; aujourd'hui, je ne fume plus qu'une *clope*, à l'occasion, lors de soirées entre amis – par envie (avec la seule mais agréable dépendance du groupe). La *cigarette*, on veut l'arrêter ; la *clope*, on en brûle – pas de patch pour elle. L'une est aux gens pressés (d'en finir, peut-être ?) ; l'autre, aux épicuriens du tabac.

La *clope*, c'est du temps en plus ; la *cigarette*, du temps en moins. Le temps de la *clope* s'ajoute aux heures réservées à soi, au désir à satisfaire ; le temps de la *cigarette* se retranche de celui qui reste à vivre – des scientifiques n'ont-ils pas prouvé que chaque *cigarette* de plus équivaut à onze minutes de vie en moins ?

La *clope*, c'est du bon temps ; la *cigarette*, du temps parti en fumée.

cliché, stéréotype

Ces termes désignent tous deux l'expression d'une banalité ; mais le *cliché* n'est ni dans le vrai ni dans le faux, tandis que le *stéréotype* est toujours dans le faux.

L'un est le signe d'un manque d'originalité ; l'autre, d'un manque de réflexion – bien qu'un manque d'originalité puisse résulter d'un manque de réflexion. L'un comme l'autre sont également appelés « poncif » ou « lieu commun ».

Le *cliché* est une image usée ; le *stéréotype*, une image préjugée.

Le *cliché* est un fait ; le *stéréotype*, une idée (fausse).

Le *cliché* fonde sa valeur uniquement sur le fait même qu'il se répète ; le *stéréotype* vaut surtout par la répétition de sa fausseté.

Le *cliché* est particulièrement fréquent dans l'usage de la langue : il peut prendre la forme d'une expression figée trop attendue (« Son sang ne fit qu'un tour ») ou encore d'une métaphore mille fois entendue (« J'en ai la chair de poule », « Il est fort comme un lion »...). On le retrouve immanquablement dans les œuvres de fiction : qui plus est, il construit par nature certains genres littéraires, cinématographiques, etc. (film romantique, polar, récit d'aventures...). Deux amants marchant pieds nus sur une plage déserte face à un coucher de soleil, avec grand renfort de violons. Le héros qui sauve ses amis une seconde avant l'explosion de la bombe. Ces situations sont des *clichés*. Il arrive très souvent que nos clichés photographiques soient aussi des... *clichés* : c'est le sujet de la chanson *Les Épices du souk du Caire* dans laquelle Bénabar fait notamment remarquer que les vacanciers prennent tous les mêmes photos des mêmes lieux (« On fait tous, quelle horreur, les mêmes photos tout le temps »), le *cliché* le plus « cliché » pouvant être celui d'un « bord de mer »... Les épices du souk du Caire sont également en très bonne place dans ce prestigieux classement de la photo la plus attendue !

Le *stéréotype* est la représentation mentale réductrice d'une réalité : c'est une généralisation abusive ou entièrement non fondée. Le *stéréotype* est l'image qu'un groupe d'individus se fait d'un autre groupe d'individus, sur la base d'une simplification de leurs caractéristiques réelles ou supposées. L'Anglais à grosse moustache, avec un chapeau mou et une veste de tweed. La blonde aux gros seins et au QI nul. Le provincial qui n'a jamais rien vu. Le Belge idiot. Le juif avare. Le savant fou. Ces figures sont des *stéréotypes*.

L'utilisation détournée du *cliché* est la parodie ; l'utilisation détournée du *stéréotype* est la caricature (volontaire).

Umberto Eco propose l'ironie comme forme parodique du *cliché* : « Je pense à l'attitude de celui qui aimerait une femme très cultivée et qui saurait qu'il ne peut lui dire : "je t'aime désespérément" parce qu'il sait qu'elle sait (et elle sait qu'il sait) que ces phrases, Barbara Cartland les a déjà écrites. Pourtant, il y a une solution. Il pourra dire : "Comme dirait Barbara Cartland, je t'aime désespérément." » Cette déclaration est elle-même amenée à devenir un… *cliché* à parodier à son tour en : « Comme l'a écrit Umberto Eco : "Comme dirait Barbara Cartland, je t'aime désespérément." » Et ainsi de suite, en fonction du nombre d'individus ayant eu recours avant nous à la formule originelle…

On attribue à Gérard de Nerval cette proposition : « Le premier qui compara la femme à une rose était un poète ; le second était un imbécile. » Une autre manière de détourner le *cliché* consiste à métamorphoser les métaphores. Ainsi Elisa Brune a intitulé un de ses romans : *Un homme est une rose.* Nerval doit être content !

Les chanteurs dits à textes sont également des spécialistes de la parodie. Entre deux chansons, Vincent Delerm évoque avec ironie les petits mots qui ornent les agendas des collégiennes (en allongeant les syllabes comme il sait le faire…) : « Tes yeux sont un océan, je voudrais me noyer dedans… » Quant au *Slow* de Bénabar (encore lui !), c'est une parodie du slow et de tous ses *clichés*, de l'« inénarrable entrée de batterie » à la montée des violons…, que le chanteur remplace par des flûtes parce qu'il n'a pas trouvé de violonistes… Et d'ajouter, en parlant de son héroïne : « Elle croyait qu'un stéréotype, c'est un mec avec un Walkman ! »

content, satisfait

Ces partenaires font la girouette. Dans certains cas, « content » est plus fort que « satisfait » ; dans d'autres, c'est l'inverse. *Content*, *satisfait* : couple instable et paradoxal, entre la joie et la résignation.

On est *content* lorsque nos désirs sont accomplis ou lorsqu'un événement favorable et inattendu nous émeut (« Ah ! Qu'est-ce que je suis content ! ») ; on est *satisfait* quand ce que l'on obtient est conforme à ce que l'on attendait, mais sans plus (« Êtes-vous satisfait de ma réponse ? – Oui… » – comprendre : « Satisfait, oui ; content, non ! »). Qui est *content* est comblé ; qui est *satisfait* est simplement « en règle » (avec ses attentes). Le *contentement* a rapport à la joie ; la *satisfaction*, au devoir – elle est proche du soulagement (on pousse un « soupir de satisfaction »). L'homme *content* découvre la plénitude : il ne lui manque rien ; l'individu *satisfait* reste sur sa faim : il a obtenu le minimum – et uniquement le minimum (« c'est satisfaisant » : peut mieux faire).

On peut être *content* pour autrui (bien que ce soit parfois dit avec une pointe de jalousie), mais on ne s'exclame pas : « Je suis satisfait pour toi ! » On ne peut être *satisfait* qu'au terme d'une attente ou d'un effort (« Je suis satisfait du résultat ») ; on peut être *content* à cause d'une… heureuse surprise.

L'étymologie est éloquente : « satisfaire » est formé des mots latins *satis*, « assez », et *facere*, « faire ». Le terme *satisfactio*, issu du vocabulaire théologique, désignait à l'origine le geste minimal à exécuter pour donner réparation à Dieu de l'offense du péché : après son acte *satisfactoire*, le pénitent était « satisfait », c'est-à-dire absous !

Mais parfois, le couple s'agite, les rôles s'inversent. La *satisfaction* prend le dessus sur le *contentement*. *Satisfait*, celui qui éprouve le sentiment d'avoir « réussi », d'avoir mené un projet à bien ; *content* (du latin *contentus*, « qui renferme en soi »), celui qui s'accommode de tout. Les espérances de l'un sont atteintes, voire dépassées (« Quelle satisfaction ! », « Ce projet vous donne-t-il satisfaction ? – J'en suis amplement satisfait », « Les grévistes ont obtenu satisfaction », « C'est une femme satisfaite ») ; l'autre n'espère rien (« Il ne se révolte jamais : il est toujours content de son sort… »). C'est affaire de tempérament : l'un n'est *satisfait* que si les choses sont à son gré ; l'autre est *content* lorsque les choses sont (et même lorsqu'elles ne sont pas).

On le sent : la *satisfaction* peut aussi se définir par rapport à l'envie (et non plus au devoir) ; le *contentement* est quelquefois lié au besoin (et non plus à la joie) – bien que l'on puisse *satisfaire* un… besoin et « désirer » ce dont on se *contente*. L'homme *satisfait* est esclave du temps : sa *satisfaction* ne dure pas (elle engendre… l'insatisfaction) ; l'homme *content* se sent libéré de toute contrainte : il a choisi la permanence du renoncement. L'un finit toujours par avoir envie d'autre chose ; l'autre n'a jamais besoin de rien. L'un en veut toujours davantage ; l'autre se complaît dans une absence d'idéaux – l'épicurien, en funambule, évite ces deux extrêmes en les conciliant, ce qui n'est pas une sinécure : il s'émerveille de tout. « Un rien le contente », dit-on, mais c'est bien plus que cela. Pour lui, l'extraordinaire est dans l'ordinaire des jours – encore faut-il l'y déceler.

Bref, « content » se rattache tantôt à la joie, tantôt à la résignation ; « satisfait », tantôt à la suffisance, tantôt à la surenchère. Dans la pratique, la langue brasse tous ces sens en un joyeux mélange... C'est ainsi que l'individu *satisfait* ne se *contente* jamais de ses acquis ou qu'un étudiant, en Belgique, peut réussir avec une « satis » (mention « satisfaction ») et ne pas en être *satisfait* ! Enfin, si la *satisfaction* a aussi sa face positive, la joie semble plus puissante que l'exigence : on exagère plus facilement la première (« Je suis trop content ! », « Elle est toute contente »...) que la seconde (qui est « vachement satisfait ? »).

Content, *satisfait* : couple heureux ?

DÉSINVOLTURE
NÉGLIGENCE

désinvolture, négligence

La *désinvolture* et la *négligence* se manifestent par le même laisser-aller apparent. Mais dans un cas, il y a du caractère ; dans l'autre, seulement une insouciance méprisable. Tout est dit : la *désinvolture* est un art ; la *négligence* est un tort.

Il y a moins, dans la *désinvolture*, une volonté mal intentionnée que l'expression naturelle d'une sorte de je-m'en-foutisme gentil et élégant (« Son allure désinvolte a du charme »). Dans la *négligence*, on ne trouve que le vide de l'omission stupide (« Il a négligé ses amis ») et les signes d'un cerveau ou bien inattentif ou bien peu lumineux (« Il a négligé une occasion »). Ni l'une ni l'autre ne sont volontaires, mais la *désinvolture* se cultive alors que la *négligence* « se néglige » – l'une serait davantage « consciente » que l'autre.

Est *désinvolte* celui qui – sans effort – fait de son apparent désintéressement une manière d'être au monde ; est *négligé* ou *négligent* celui dont la bêtise ne lui permet pas d'apprivoiser son défaut – encore faudrait-il distinguer les deux formes de l'adjectif : la première focalise les regards sur le paraître de l'individu (on peut aussi dire de celui-ci qu'il « se néglige ») ; la seconde, sur l'attitude de l'individu envers l'extérieur (êtres ou choses).

La *désinvolture* est un style de vie ; la *négligence*, une vie sans style. L'une n'est pas dépourvue de grâce (on peut dire « Ce style a de la désinvolture » : on est admiratif de cette légèreté) ; l'autre reste bloquée au manque d'application (une « négligence de style » stigmatise une chose non aboutie). Une règle n'étant rien sans exception, personne ne confondra une « femme négligée » avec une femme « en négligé » : voilà un cas de « négligence soignée »...

L'indifférence de l'être *négligé* est alarmante de vérité (« négligence » vient du latin *neglegere* – construit avec *nec*, « ne pas », et *legere*, « recueillir » – signifiant « ne pas s'occuper de », « être indifférent à ») ; celle du *désinvolte* est si excessive qu'on en vient à percer son mystère : la *désinvolture* est le paradoxe de l'hyperémotif. Le *désinvolte* est un sensible ; le *négligé*, un insensible.

Ce qui me surprend toujours dans la *désinvolture* (de l'italien *disinvolto*, « dégagé », issu du latin *volvere*, « dérouler » – d'où le sens psychologique : quiconque a l'« esprit déroulé » se sent libre, dégagé dans ses mouvements), c'est cette espèce d'aisance naturelle de l'individu à traverser le réel avec détachement, presque avec talent : il y a en elle comme l'affirmation – doucement provocatrice – d'une insoumission, d'une liberté effrontée ; la *négligence* trahit plutôt une incapacité à maîtriser les choses. La *désinvolture* est une philosophie du quotidien (Denis Grozdanovitch, le tennisman devenu écrivain, en sait quelque chose avec son *Petit Traité de désinvolture*) ; la *négligence* n'a rien d'une sagesse.

La *désinvolture* peut irriter ceux qui n'en ont pas le don : à leurs yeux, elle est insolence, impertinence (on tient des « propos désinvoltes »). Bien sûr, pratiquée à l'extrême, avec moins d'art que d'irresponsabilité, la *désinvolture* peut mener à la décadence. Difficile de ne pas y songer en réécoutant l'appel de Bertrand Cantat – manifeste de toute une génération – dans *Tostaky* : « Soyons désinvoltes, n'ayons l'air de rien ! » De quoi a-t-il l'air aujourd'hui ?

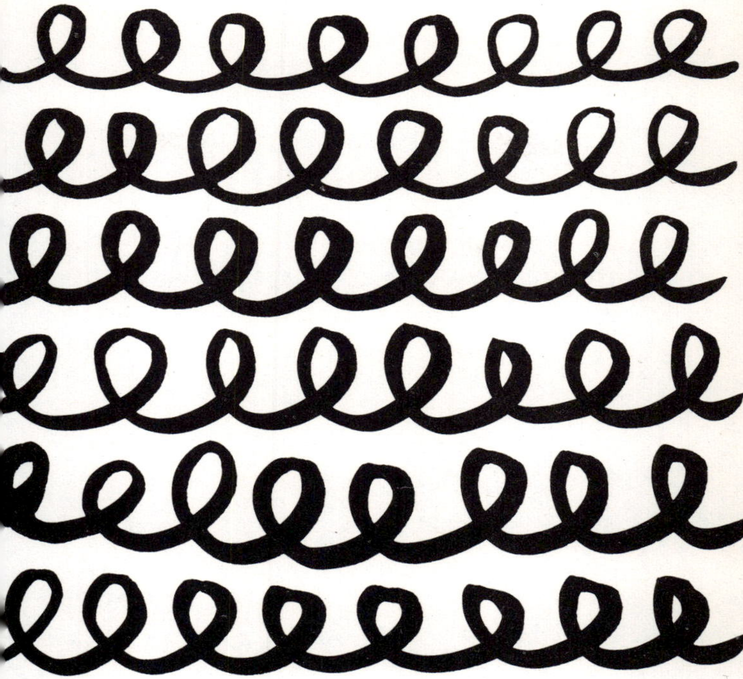

ENNUI

PARESSE

ennui, paresse

L'*ennui* est avant tout un rapport à l'action ; la *paresse*, un rapport au temps – et non l'inverse.

Bien sûr, l'*ennui* se fait sentir dans la durée (« Je m'ennuie ! Et cette journée qui n'en finit pas… »), mais il surgit à cause d'un besoin d'activité insatisfait. Bien sûr, la *paresse* se montre sous les traits de l'oisiveté (« Il est bien trop paresseux pour travailler »), mais elle naît d'une aptitude de l'homme à se laisser envelopper par le passage du temps, à s'y abandonner. Celui qui s'*ennuie* ne souffre pas du temps, mais de l'inaction ; le *paresseux* ne s'applique pas à ne rien faire, mais à vivre le temps comme un espace de rêverie et de liberté. L'*ennui* est manque ; la *paresse* est plénitude. Ce qui fait dire à Jack Chaboud, dans son *Petit Livre de la paresse* : « Le paresseux ne connaît pas l'ennui, sinon il travaillerait. »

C'est par absence de travail que survient l'*ennui* ; c'est par interruption du travail que s'installe la *paresse*. L'un et l'autre apparaissent par contraste avec le temps du labeur : le premier se vit comme un sevrage ; la seconde, comme un bon bol d'air. Celui qui s'*ennuie* est dans un gouffre ; celui qui *paresse* est dans une parenthèse. Angoisse de la vacuité ; plaisir de la vacance.

Paradoxes des sentiments : lorsqu'il manque, le travail fait le malheur de l'individu qui s'*ennuie* (plus on adule le travail, moins on supporte l'*ennui* engendré par son absence) ; le *paresseux* rêve d'un monde sans travail, mais ne doit pourtant son bien-être qu'à la perspective du labeur. Jerome K. Jerome, dans ses *Pensées paresseuses d'un paresseux*, a raison de préciser : « Il est impossible d'apprécier sa paresse si on n'a pas une masse de travail devant soi. Ce n'est pas drôle de ne rien faire quand on n'a rien à faire ! » Le *paresseux* doit une fière chandelle au travail !

La *paresse* (du latin *pigritia*, issu de *piger*, « lent ») est l'art de la lenteur : c'est en ce sens que l'Église en a fait un péché capital, celui par lequel le religieux manifeste peu d'empressement à exécuter les rituels et les prières ; quant à l'*ennui*, il semble étrangement associé à la célérité : qui n'a jamais entendu l'expression « Je m'ennuie à du trois cents à l'heure » (la vitesse varie d'un individu à l'autre…) ? Et pourtant… Le temps semble toujours trop court pour la *paresse* : on aimerait tant qu'il s'étire encore, sans fin ; à l'inverse, le temps de l'*ennui* paraît interminable : on se lamente d'en être prisonnier. *Paresse*, art de la lenteur… La *Paresseuse* de Bénabar en sait quelque chose, elle qui « caresse l'idée d'aller à la piscine » et qui, pour s'y rendre, cultive le vice jusqu'à « étudier le chemin le plus long, le transport le plus lent »… de sorte qu'elle se félicite d'arriver après la fermeture !

La lenteur semble propice à la sérénité ; la vitesse, comme chacun sait, engendre le stress. Ainsi, la *paresse* serait bénéfique ; l'*ennui* serait le lot des angoissés (ou des anxieux ?...) – « ennuyer » vient du latin *inodiare*, « être odieux », « être un objet de haine », d'où sa première signification, « causer des tourments ». *Paresse*, bonheur ; *ennui*, tourment de l'âme. Phèdre peut en témoigner, elle qui souffre d'un amour impossible pour son beau-fils (*Phèdre*, acte I, scène 3) :

ŒNONE

Que faites-vous, Madame ? Et quel mortel *ennui*
Contre tout votre sang vous anime aujourd'hui ?

PHÈDRE

Puisque Vénus le veut, de ce sang déplorable
Je péris la dernière et la plus misérable.

ŒNONE

Aimez-vous ?

PHÈDRE

De l'amour j'ai toutes les fureurs.

ŒNONE

Pour qui ?
[...]
Hippolyte ? Grands Dieux !

La *paresse* est une disposition de l'esprit ; l'*ennui* est la marque d'un esprit indisposé. On peut vivre de *paresse* ; on ne peut que mourir d'*ennui*. Alexandre le Bienheureux contre Racine.

Jerome K. Jerome écrit : « Ce qui caractérise le mieux un vrai paresseux, c'est qu'il est toujours intensément occupé. » Quant à l'*ennui*, c'est le vide insupportable du désœuvrement. *Ennui* et *paresse* ne sont synonymes que par l'impression dégagée par l'individu : celle de ne rien faire (d'où la confusion, fréquente : « Que fais-tu ? Tu t'ennuies ? – Non, je flâne, je paresse »). En réalité, le talent du *paresseux* est d'être productif sous le masque de la désinvolture : agir, non par obligation, mais par désir, non par aliénation à une finalité, mais juste pour le plaisir. La *paresse* est un luxe personnel ; l'*ennui* reste enfermé dans la logique de la société contemporaine : celle de l'utilitaire. La *paresse* consiste à perdre son temps pour mieux en jouir ; l'*ennui* est uniquement la culpabilité de le perdre. Le *paresseux* se laisse guider par l'imprévu et par sa fantaisie (il n'a aucune affinité avec ces individus « hyperbookés » qui « planifient » leurs « loisirs » dans des « agendas » : autant de mots étrangers à son vocabulaire) ; quiconque s'*ennuie* se sent d'une extrême et pathétique inutilité.

En somme, l'un jouit de la liberté ; l'autre souffre de ne pas la connaître. Le vrai *paresseux* aime l'action, mais uniquement celle qu'il s'est choisie (c'est pourquoi il peut être très intelligent, alors que le fainéant – qui répugne à l'effort, quel qu'il soit – est souvent un cancre). Il faut *paresser* pour être créatif ; l'*ennui* n'apporte rien. Le *paresseux* s'émerveille de tout ; c'est la monotonie et le manque d'intérêt qui créent l'*ennui*. La *paresse* nourrit le travail ; l'*ennui* l'appauvrit.

La *paresse* est une chance : du temps « vraiment libre » qui donne de la respiration à nos horaires. N'y est-il pas la plus belle des « plages » ?

épouse, femme

Évidemment, on ne parle pas ici de LA femme, celle qu'on ne voit qu'en couverture des magazines, celle qui, quasi nue, attend toujours le bus, celle qui fait fantasmer les hommes – et les femmes – depuis la nuit des temps… Cette femme-là, fatale et sublime, est presque une image, un absolu, l'incarnation d'un désir : c'est la statue de Pygmalion qui se fait chair, c'est le mythe B.B., c'est Lara Croft qui sort de l'écran ! Non… on parle de la « femme de » : bref, de l'*épouse*…

Version chic (cravate et robe du soir) : « Je vous présente mon épouse. » Équivalent familier (avec geste de la main) : « Ma femme. »

Épouse, *femme*. Ces termes sont déclarés synonymes par les liens du mariage ; c'est par leur fonction dans le couple que l'*épouse* et la *femme* se distinguent. L'une a l'*époux* ; l'autre, le *mari*. La première se cantonne à son rôle de promise (« épouser » est issu du latin *spondere*, « promettre ») ; la seconde voltige du lit conjugal au berceau (« femme » vient du latin *femina* qui avait le sens de « femelle d'animal » avant de désigner l'être humain de sexe féminin, puis l'*épouse* : *femina* se rattache à la racine indoeuropéenne

°*dhē-*[1], «téter»). Le mot «épouse» marque l'engagement social; le mot «femme» est lié à la qualité physique. L'*épouse* brille en société; la *femme* s'accouple, reproduit et donne le sein. L'*épouse* écarte les rivales; la *femme*, les jambes (et les bras).

Il y a dans «épouse» et «époux» l'affirmation d'une (l)égalité: ces deux-là se répondent comme un conjoint à l'autre – l'*épouse* est la compagne de l'*époux*, sa légitime, en un mot: sa moitié. «Femme» et «mari» sont plutôt dans un rapport de force: ces deux-là s'appartiennent comme un valet à un maître. Respect; soumission. L'*épouse* est choyée; la *femme* est battue – lorsque c'est l'homme qui est soumis, c'est une «femmelette»... Mieux vaut avoir un *époux* qu'un *mari*!

«Femme», contrairement à «mari», n'exprime pas l'idée du mariage: c'est peut-être pour cette raison que la *femme* se sent parfois pousser des ailes[2]... L'*épouse* est fidèle – on dit d'elle que «c'est une bonne épouse» (à ne pas confondre avec une «bonne femme»); c'est toujours la *femme* qui est volage – le cocu s'écrie: «Ma femme me trompe!» (c'est pourtant... l'*épouse* qui a juré fidélité.) La *femme* défait ce que l'*épouse* a fait. La *femme* prend un amant; l'*épouse*, un avocat.

1. Le sigle ° indique que le mot n'est pas attesté. L'indoeuropéen est une langue dont on n'a aucune trace: les linguistes l'ont créée par hypothèse comme étant l'origine commune de toute une série de langues, dont les langues romanes – auxquelles appartient le français.

2. Ce qui n'empêche pas *le mari* d'adopter le même comportement que la *femme*!

Les sentiments dans tout ça ? L'*épouse* se marie avec l'âme sœur ; la *femme* épouse le mâle. Esprit ; corps. L'amour est dans le terme qui pourrait concilier les deux dames.

Enfin, on s'étonne du cérémonial :

> – Mademoiselle Y, voulez-vous prendre Monsieur X pour *époux* ?
> – Oui, je le veux.
> – Monsieur X, voulez-vous prendre Mademoiselle Y pour *épouse* ?
> – Oui, je le veux.
> – Je vous déclare *mari* et *femme*.

Ainsi le mariage serait-il biaisé dès sa célébration : on vous annonce un *époux*, on vous impose un *mari* ; on vous promet une *épouse*, on vous donne une *femme* ! Vous espériez des « Félicitations aux époux ! », vous recevez des « Vive les mariés ! ».

L'*épouse* fait la promesse ; la *femme* la tient – ou pas.

équivoque, ambigu

« Typiquement le genre de mots dont je n'ai jamais compris la différence ! » C'est ce que vous vous êtes dit en piochant ces friandises dans le bocal. Eh bien, vous n'êtes pas le/la seul(e) : rassurez-vous.

Pourtant, inutile de tourner autour de la bonbonnière (n'*équivoquons* pas !) : « équivoque » n'est pas « ambigu ». À vrai dire, c'était un peu de la mauvaise foi : notre appréhension de ces synonymes est plus subtile que la simple affirmation de leur équivalence parfaite. On le sent bien : un geste *ambigu* n'est pas vraiment la même chose qu'un mouvement *équivoque*, une situation *ambiguë* ne se résume pas à des faits *équivoques*. Mais, voilà, on ne peut pas expliquer pourquoi.

Alors ?

Alors on cherche à connaître les ingrédients, on va faire un tour en confiserie : on y dénichera peut-être quelque secret de fabrication… L'étymologiste en chef nous livre ses astuces, non sans… *ambiguïté* :

« "Équivoque" et "ambigu" sont des bonbons qui goûtent à la fois la polysémie et l'incertitude. Mais l'un n'est pas tout à fait l'autre.

– Pourquoi ?

– Eh bien… Disons… grâce à un petit truc personnel.

– Lequel ?

– Je n'ai qu'une seule et unique recette mais… j'en fais double emploi !

– Ah ? Comment ?

– En inversant l'ordre de la préparation… Mais, chut ! Je ne peux pas vous en dire plus. »

On parvient quand même encore à lui arracher d'ultimes informations. « Ambigu » est issu du verbe latin *ambigere* (formé de *ambi-*, « de côté et d'autre », et de *agere*, « pousser, marcher ») signifiant « pousser de côté et d'autre », puis « mettre dans les plateaux de la balance », d'où « hésiter », « être indécis ». « Équivoque » est emprunté au latin *æquivocus* (composé de *æquus*, « égal », et de *vox, vocis*, « les paroles ») signifiant « à double sens ». D'ailleurs, ajoute le spécialiste, cet adjectif a d'abord été utilisé en versification pour qualifier une rime fondée sur la reprise, d'un vers à l'autre, des mêmes syllabes finales mais avec modification du sens : ce sont des « paroles égales » mais « à double sens » ! Et de se lancer dans un élan poétique :

« "Ci gît, repose et dort léans / Le feu évêque d'Orléans / Qu'il soit des fous maître passé : / Faut-il rire d'un trépassé ?"

– Très beau.

– Clément Marot. Maître ès rimes *équivoquées* (ou *équivoques* si vous préférez.) »

On n'en saura pas plus. On remercie. On revient chez soi, en remâchant les paroles du cuistot. Polysémie… Incertitude… Inverser l'ordre… La lumière ne se fait pas, ça énerve, et puis, tout à coup, on comprend :

Ambiguus, « indécis »... : incertitude engendre polysémie !

Æquivocus, « à double sens »... : polysémie engendre incertitude !

Une chose *ambiguë* présente plusieurs interprétations parce qu'elle est incertaine ; une chose *équivoque* est incertaine parce qu'elle présente plusieurs interprétations. « Clair » est le contraire d'« ambigu » ; ce qui n'est pas « équivoque » est... « univoque ». L'*ambiguïté* insiste sur l'indétermination ; l'*équivoque*, sur la pluralité des sens possibles.

Tout s'éclaire. On peut cultiver l'*ambiguïté* comme on entretiendrait volontairement le flou ; on évite l'*équivoque*, quand on craint d'être mal compris (on ne lui laisse pas de place). « Il n'y a pas d'ambiguïté entre nous ! » : on est très proches mais on ne sort pas ensemble (les choses sont claires) ; « Aucune équivoque entre nous » : pas de malentendu (on parle tous de la même chose). Le personnage *ambigu* est énigmatique ; l'homme *équivoque* est louche. Le premier a des attitudes paradoxales, imprévisibles ; le second a des allures susceptibles d'être mal interprétées. L'un intrigue ; l'autre n'inspire pas confiance.

Pourtant... On dit « lever l'ambiguïté » quand on fait la clarté dans une affaire – mais « lever », n'est-ce pas « rendre léger » (*levis*), donc « supprimer » des sens indésirés (plutôt que supprimer une indécision) ? Par ailleurs ne dit-on pas « dissiper l'équivoque », usant ainsi d'un verbe qui s'applique également aux... doutes (à l'incertitude) ? Bref, ne devrait-on pas plutôt dire « dissiper l'ambiguïté » et

« lever l'équivoque » ? On était sûr d'avoir tout saisi des subtilités de la langue française ! Et puis, voilà, on ne sait plus quoi penser… C'était trop beau.

Les jours suivants, comme toujours dans ces cas-là, on n'entend plus que des « ambigu » et des « équivoque » dans les conversations, au travail, dans la rue, à la radio, en famille, partout. Comme si les gens prenaient un malin plaisir à nous enfoncer dans l'incertitude et la polysémie. En zappant, on s'arrête sur une émission consacrée aux anciens lieux culturels de Paris : on nous parle du Théâtre de… l'Ambigu (« … ainsi nommé en référence à l'ambigu : pièce mêlant plusieurs genres »). Il y a même un ami qui nous offre un bouquin (ou un livre… enfin… quelque chose qui se lit, quoi !) dont l'éditeur a pour nom Le Somnambule… Équivoque !

Équivoque, *ambigu* : insaisissables bonbons.

erreur, faute

Celui qui fait une *erreur* se méprend ; celui qui commet une *faute* désobéit.

L'*erreur* procède d'une illusion ; la *faute*, d'un manquement. L'une qualifie toute circonstance où l'on tient pour vrai ce qui est faux et inversement ; l'autre consiste à enfreindre une règle. À l'aéroport, un passager embarque votre valise, identique à la sienne : c'est une *erreur*. Il s'en empare discrètement pour la voler : c'est une *faute*.

L'*erreur* a pour contraire la vérité ; la *faute* empêche la droiture. Quiconque est dans l'*erreur* s'enfonce dans le faux ; quiconque est en *faute* se trouve, non pas dans le faux, mais dans le « mauvais » ! L'*erreur* s'oppose à la vérité comme le faux au vrai ; la *faute* s'oppose à la justesse comme le mauvais au bon.

Littéralement, l'homme dans l'*erreur* est un vagabond ; le *fautif*, un hors-la-loi. L'un paraît « aller çà et là » (sens du latin *errare*, duquel est dérivé *error*, « le fait d'aller çà et là ») ; l'autre semble « échapper à » tout (sens de *fallere*, duquel est issu le latin populaire °*fallita*, « manque », « action de faillir »). L'un est en vadrouille et finit par faire fausse route ; l'autre transgresse les codes et se retrouve en cavale. « Erreur » était synonyme d'« errance » avant de ne conserver que son sens figuré : celui qui hier roulait sa bosse aujourd'hui fait des boulettes. La *faute* a d'abord désigné le péché originel (« La Faute ») et toute désobéissance aux prescriptions du christianisme (« Cette jeune fille a fauté » : elle a forniqué avant le mariage) avant de s'étendre au manquement contre tout principe, tout devoir, toute norme (faute de style, « faute d'inattention »[1], faute de goût...).

Qui fait une *erreur* se trompe ; qui trompe ses semblables commet une *faute*. On raisonne l'un ; on blâme l'autre. La *faute* est tantôt consciente (adultère, crime...), tantôt commise par ignorance (faute de français...) ; on ne fait jamais une *erreur* volontairement. Au téléphone : « Vous faites erreur ! » (lorsqu'on vous appelle) ; « Excusez-moi, c'est une erreur » (lorsque c'est vous qui appelez). On peut même se dédouaner à l'avance de toute méprise grâce à l'expression « sauf erreur de ma part ».

Il est donc plus aisé de reconnaître son *erreur* que d'avouer sa *faute* (ou de « faire son mea culpa ») : l'une entraîne la responsabilité (« Assume tes erreurs ! ») ; l'autre, la culpabilité (« Tout est de ma faute », « Faute avouée est à moitié pardonnée »...). Danger : à force de justifier systématiquement ses égarements (« C'était une erreur de jeunesse », « L'erreur est humaine »), l'homme croit parfois ne plus devoir répondre de ses actes. Ce qui est une... *faute* !

1. La « faute d'inattention » est, en réalité, une faute « commise par » inattention, donc un manque... d'attention !

D'une certaine manière, le hors-la-loi est toujours un vagabond (le *fautif* est toujours dans l'*erreur*) : en trompant autrui, il se trompe sur les valeurs humaines. Il arrive aussi quelquefois qu'un vagabond soit hors la loi (l'*erreur* peut entraîner la *faute*) : en se trompant, il peut, malgré lui, tromper les autres.

Même le langage s'emmêle les pinceaux… Si c'est bien une *faute* d'induire quelqu'un en *erreur*, c'est une *erreur* (judiciaire) de condamner quelqu'un pour une *faute* qu'il n'a pas commise. On parle d'une « erreur de calcul » alors qu'il s'agit d'une « faute de calcul » (par rapport à une règle de mathématique) : pour l'ingénieur, elle se double d'une *faute*… professionnelle. On dit « fautes de frappe » alors qu'on a fait des « erreurs de frappe » (on a tapé sur Y au lieu de U, on a enfoncé une touche trop longtemps…) : il en résulte des *fautes*… d'orthographe ou des coquilles (« Je me syis balladée »). Enfin, le maladroit suscite l'équivoque : ses gaffes sont qualifiées de grossières *erreurs* par les uns, de *fautes* grossières par les autres – où est l'*erreur* ? Que dire encore du fameux « jeu des sept erreurs » ? Ce n'est pas *faute* d'essayer, mais on n'y trouve aucune *erreur* : seulement des changements – et la… *faute*, courante, qui consiste à dire « jeu des sept zerreurs » (interrogez votre entourage, vous ne serez pas déçu !)…

Pour terminer, n'oublions pas les interjections. « Erreur ! », jubile-t-on après avoir mené son interlocuteur, par un raisonnement logique, à affirmer une chose que l'on savait fausse. « Faute ! », crie l'arbitre en infligeant un carton jaune au joueur qui à fait un tacle ou une… *faute* de main. Cette dernière repose bien sur un règlement – il est interdit, au football, de toucher le ballon de la main, bien qu'on en ait parfois l'envie : si on y cède, mieux vaut être habile de la boule et des bras (salut, Diego !). À l'inverse, on voit mal quelle interdiction fonde la « double faute » tennistique (de même que « la faute directe ») : non seulement il n'est pas prohibé *stricto sensu* de servir deux fois de suite dans le filet, mais en outre on n'en a jamais ni l'envie ni l'intention – on ne veut pas se cacher au moment de frapper la balle (mais la seconde d'après, oui : de honte…) Certes, la double *faute* n'est pas une méprise, mais en quoi est-ce une désobéissance ?

TECHNICIENNE DE SURFACE

femme de ménage, technicienne de surface

Désignations dont on peut légitimement se demander en quoi elles rejoignent une réalité identique. Il y a autant de rapports entre une « femme » et une « technicienne » qu'entre le « ménage » et la « surface », c'est-à-dire : aucun. Alors, comment concevoir que la *femme de ménage* et la *technicienne de surface* soient une seule et même personne ?

Il n'y a pas si longtemps que l'expression – officielle – « technicienne de surface » s'est répandue. La première appellation demeure toujours la plus courante : elle n'a pas (encore) été remplacée par la seconde. Les termes « femme de ménage » et « technicienne de surface » cohabitent donc. Mais bon sang : pourquoi deux dames pour un même tablier ? Question d'époque. D'un côté, les chefs d'entreprise, certains linguistes progressistes, les défenseurs des droits de l'homme, les médias, et d'autres encore qui veulent dépoussiérer le langage en y modernisant notamment le nom des activités dites « ingrates » ; de l'autre, le peuple – c'est-à-dire tout le monde (ou presque) – qui n'adhère pas à tous ces euphémismes froids et qui les ignore en faisant comme s'il n'en avait rien à cirer.

Ainsi, en 2006, il n'y aurait plus de handicapés mais des personnes à mobilité réduite, plus de chômeurs mais des demandeurs d'emploi, plus de concierges mais des gardiens d'immeuble, plus d'aveugles mais des malvoyants, plus de vieillards mais des personnes du troisième âge, plus de chefs du personnel mais des directeurs des ressources humaines (DRH ou, pis, *« human resource manager »*), plus de Noirs mais des personnes de couleur, plus de caissières mais des hôtesses de caisse... Toutes ces périphrases ne sont pas accueillies avec le même enthousiasme et chacune ne trouve pas une justification pertinente. Il me semble qu'il y a en elles le contraire de l'humanisme qu'elles prétendent réclamer : l'aveu d'un mépris à l'égard de certaines activités ou différences. Elles sont le produit des hypocrites – que dis-je, des lavettes. Au fond, c'est précisément parce que ces tartuffes estiment dégradante la profession de « femme de ménage » qu'ils disent « technicienne de surface » ! Pourquoi pas « hôtesse de l'aire », tant qu'on y est ?

Mais revenons à nos chiffons. Pour certains, la *femme de ménage* travaillerait plutôt à domicile ; la *technicienne de surface*, plutôt en entreprise. En visitant le site Internet de l'ANPE (Agence nationale pour l'emploi), je découvre d'abord que distinction y est faite entre « homme/femme de ménage » et « technicien/technicienne de surface ». Mais c'est pour réaliser aussitôt qu'une étiquette plus générale regroupe ces fonctions (dont les nuances ne sont pas énoncées...) : « agent/agente de nettoyage » – ma déception est proportionnelle à la force réductrice de cette formulation. Par ailleurs, une note invite à ne pas confondre « homme/femme de ménage (entreprise) » et « femme de ménage à domicile ». Comme s'il allait de soi que, chez les particuliers, les tâches domestiques sont réservées au beau sexe… Quant au technicien et à la *technicienne de surface*, rien n'indique qu'ils ne puissent œuvrer pour des privés.

La préférence d'une appellation au détriment de l'autre se justifierait par le rejet d'une formule prétendument péjorative. Certes, « femme de ménage » et « servante » s'employaient indifféremment jusqu'à une époque pas si lointaine (mon dictionnaire des synonymes Larousse, de 1947, assemble ces termes sans signaler de connotations)… Mais aujourd'hui, qui oserait encore traiter sa *femme de ménage* de servante, de domestique, de bonniche ? Il n'y a plus d'équivoque ; dès lors, pour quelle raison introniser hypocritement une « technicienne » là où il y a la chaleur d'un être humain ? La *femme de ménage* est avant tout une personne (redonnons de la noblesse à son titre) ; la *technicienne de surface* est réduite à sa fonction. À la limite aurait-on pu proposer « dame de ménage », qui a un côté plus chic (on dit bien « dame de compagnie ») – « dame » vient d'ailleurs du latin *domina*, « la maîtresse de maison ». Enfin, « ménage » en dit davantage que « surface » : c'est l'action humaine contre l'immobilisme de la matière.

FRUGAL

SOBRE

MAIGRE

frugal, maigre, sobre

Frugal, qui est constitué simplement ; *maigre*, qui contient peu de graisse ; *sobre*, qui est mesuré.

La *frugalité* s'applique à une alimentation ou à une vie communes et faciles, par opposition à ce qui est « recherché » ou sophistiqué. La *maigreur* désigne la pauvreté en matières grasses : tout ce qui est « gras » s'oppose à elle. La *sobriété* marque le juste milieu entre deux extrêmes : la privation et l'excès.

Un repas *frugal* consiste en un plat simple, c'est-à-dire non composé (« simple » vient du latin *simplex*, lui-même issu de la racine indoeuropéenne °*sem-*, « l'unité »). Est *frugal* ce qui se limite à une nourriture élémentaire. Le terme est emprunté au latin *frugalis* signifiant « qui produit », lui-même dérivé de *frux*, *frugis*, « fruit » – aliment basique par excellence. Au contraire de la *sobriété*, la *frugalité* n'interdit donc pas l'abondance : on peut prétendre « se contenter » d'un repas *frugal* en se régalant d'un festin de fruits, de légumes... C'est tout le paradoxe de la *frugalité* : elle n'empêche pas de faire bombance et de manger jusqu'à satiété ! Au sens figuré, on parle aussi de « vie frugale » : il en va ainsi d'une existence qui se satisfait des choses nécessaires et naturelles.

L'adjectif latin *macer* (qui a donné « maigre ») s'employait pour qualifier un individu chétif ou une terre peu productive ; *frugalis* signifiait le contraire – de quoi s'étonner aujourd'hui de la prétendue synonymie entre *maigre* et *frugal* ! Le sens courant de « maigre » est apparu par la suite : un repas *maigre* est préparé sans graisse, voire sans viande aucune (comme dans le « jour maigre » des chrétiens). À ne pas confondre avec un *maigre* repas : antéposé, l'adjectif retrouve son sens d'origine (« peu copieux »). L'idée d'indigence s'étend aux emplois figurés : un « style maigre » manque d'épaisseur, de « maigres paroles » sont inintéressantes...

Un repas *sobre* est toujours sain : il vaut par son équilibre. L'expression « à sobriété », sortie d'usage, signifiait « ni peu ni trop » : devise du sage, entre l'austérité et l'ivresse (« sobre » vient du latin *sobrius* – de *se*, « sans », et *ebrius*, « ivre » – signifiant « qui n'est pas ivre »).

La *frugalité* détermine la nature des aliments ; la *maigreur*, leur épurement ; la *sobriété*, leur quantité et la cohérence culinaire de leur assemblage. *Frugal* et *maigre*, affaire de qualité ; *sobre* : question de quantité.

goût, saveur

Ce qui a de la *saveur* a toujours du *goût* ; ce qui a du *goût* n'a pas toujours de la *saveur*.

Lorsqu'on dit « Ça n'a pas de goût », le mets n'est ni bon ni mauvais : le sens n'est pas suffisamment stimulé. Lorsqu'on dit « C'est insipide », on désigne plutôt une absence de *saveur* qui est elle-même désagréable au *goût* : ce qui est insipide a donc du *goût*, le *goût* même de l'insipidité !

Un mets peut avoir un bon ou un mauvais *goût* ; il n'aura de *saveur* que dans le premier cas. Les exclamations du type « Quelle saveur ! » ou « C'est savoureux ! » indiquent toujours la qualité d'un plat au *goût* particulièrement relevé. Pour l'infect, nulle *saveur*. La *saveur* est un élitisme : elle est « bonne » par nature – le langage n'autorise pas la « mauvaise saveur » ni la « saveur désagréable » ; le mot « goût » se charge de côtoyer ces qualificatifs peu honorables. Le « goût », sans épithète, évoque généralement la *saveur*, mais les connotations créées par le contexte ou le ton démentent quelquefois la règle : « Quel goût ! » est un commentaire susceptible de laisser planer une certaine ambiguïté (ou équivoque ?) sur l'éventuelle réussite de la préparation.

Notons que les mots « goût » et « saveur » peuvent l'un et l'autre se rapporter à l'identité concrète et objective d'un plat. Ils prennent alors un sens éloigné de l'appréciation spontanée. Salé, poivré, sucré… sont des *saveurs* (mais le sel ne fait pas forcément la… *saveur* d'une soupe) ; les *goûts* (ou les parfums) se rencontrent au moment de choisir certaines sucreries (« Un cornet avec deux boules, s'il vous plaît. – Quels goûts ? – Vanille et fraise »). N'oublions pas les « exhausteurs de goût », ces substances chimiques sans *saveur* propre destinées à rehausser le *goût*.

Hors de la sphère alimentaire, le « bon goût » et le « mauvais goût » ne permettent pas le recours à la synonymie. Un tableau de bon *goût*, une blague de mauvais *goût* : peu de *saveur* dans tout ça. Mais alors… y a-t-il de la *saveur* qui ne soit pas d'ordre culinaire ? Les papilles n'en ont pas l'apanage : la *saveur* peut changer de source et concerner d'autres domaines. Par exemple, elle peut stimuler l'intelligence, où prolifèrent également des « capteurs de… goût » : l'âme sensible reconnaîtra la *saveur* d'une poésie, la *saveur* de la langue.

Et le *goût* des mots ? Plus d'exclusivité gastronomique ici, mais un art de la jouissance étendu à toutes les activités. Le *goût* désigne tantôt le sens par lequel on perçoit les *saveurs*, tantôt la qualité perçue par le « sens du goût » (un aliment a tel ou tel *goût*). Mais il est aussi plus que cela : le *goût* est plaisir, envie, désir (on « donne le goût » de quelque chose à quelqu'un ; on « prend goût » à quelque chose ; quand la déprime s'installe, on n'a plus le « goût à rien »). Donc, le *goût* est penchant, appétence (une chose « à mon goût » ; « Tous les goûts sont dans la nature » ; « Il en faut pour tous les goûts »). Le *goût* est affaire d'individu : c'est le « sentiment d'appréciation propre à chacun » (Littré) ; la *saveur* est intrinsèque à l'objet : elle est le cœur de la chose, que le *goût* individuel permet ou non d'atteindre. Le *goût* est personnel ; la *saveur* est universelle.

L'idée de délectation impliquée par le *goût* serait plutôt présente dans le verbe « savourer », alors que « goûter » pourrait mener directement à l'essence de la chose. Il faut *savourer* le *goût* des mots pour *goûter* la *saveur* de la langue. Les mots ne sont que le chemin qui mène à la langue : un avant-goût…

HUMBLE
MODESTE

humble, modeste

L'homme *humble* l'est pour les autres ; l'homme *modeste*, pour lui-même. Le premier fait étalage de son *humilité* ; le second nomme à peine sa *modestie*. L'un pratique le prosélytisme ; l'autre n'a rien à vendre. L'un prétend qu'il donne et le dit ; l'autre donne et se tait. L'*humble* est un orateur ; le *modeste* a les tribunes en horreur. Le premier cherche les regards ; le second les fuit. L'un est excessif ; l'autre, mesuré.

L'*humilité* est l'art de tromper les autres et de se tromper soi-même. En effet, « qui se vanterait de la sienne montrerait simplement qu'il en manque », écrit André Comte-Sponville dans son célèbre *Petit Traité des grandes vertus*. L'*humilité* a pour essence de se détruire dès qu'elle est : la prêcher est le contraire d'une attitude *modeste*. L'homme *humble* ne serait donc pas le semblable de l'homme *modeste*, mais son opposé.

C'est aussi affaire de religion. Tout chrétien est *humble*, donc non *modeste* : l'*humilité* est une valeur du christianisme. L'erreur de l'homme *humble* (et du religieux), c'est le Verbe. « Je suis humble » est une assertion kamikaze qui s'autodétruit à l'instant où elle se livre. Elle défie les lois de la logique comme d'autres, telles que « Je mens » : peut-on placer sans ridicule la première affirmation dans la bouche d'un *modeste* et la seconde dans celle d'un homme sincère ? « Je mens » : mensonge ou vérité ? « Je suis humble » : *modestie* ou vantardise ?

Que dire encore de l'injonction chrétienne d'une grande *humilité* : « Sois humble ! » ? L'homme *humble* (du latin *humilis*, « près du sol », « faible ») est d'abord un homme soumis, « humilié », puis un homme qui soumet, qui « humilie » d'autres *humbles* (c'est le principe du christianisme : Dieu enjoint aux prêtres d'être *humbles* ; ceux-ci, à leur tour, prescrivent l'*humilité* à leurs fidèles, etc.). L'homme *modeste* (du latin *modestus*, « modéré », « mesuré ») est seulement un homme libre qui agit discrètement et avec justesse, maître de sa propre mesure.

Enfin, on entend souvent parler de « fausse modestie » au sujet d'un homme qui veut atténuer les mérites qu'on lui attribue. En vérité, la nuance est dans la manière. À la lumière du développement ci-dessus, cette situation doit être analysée comme suit : le « faux modeste » qui se répand en paroles excessives est plutôt un vrai… *humble*, le « faux modeste » qui réagit avec tact et modération, un vrai… *modeste* ! Il n'y a donc pas de faux *modeste*…

instant, moment

À tout *instant*. À tout *moment*. À chaque *instant*. À chaque *moment*. D'un *instant* à l'autre. D'un *moment* à l'autre. À l'*instant* de partir. Au *moment* de partir. Pour l'*instant*. Pour le *moment*. Par *instants*. Par *moments*…

N'épiloguons pas : l'*instant* et le *moment* sont deux choses égales ! Ces quelques exemples moulés à l'identique en sont la démonstration. La cause est entendue. CQFD. Point barre !

« Un *instant*, s'il vous plaît !

– … ?

– C'est un peu expéditif comme conclusion, si vous me permettez.

– Bon… C'est vrai que l'*instant* est plus court que le *moment*, je vous l'accorde. Mais tout le monde sait ça ; inutile d'en faire tout un plat ! C'est tout ce que vous vouliez m'entendre dire ?

– Pas vraiment… »

L'*instant* est plus bref que le *moment* (« J'en ai pour un moment… » : cette litote en dit long…), mais ce n'est pas tout : il est également plus précis. Le *moment* a donc quelque chose en plus que l'*instant* : l'indétermination – ou en moins : la précision. Comme si la brièveté impliquait la maîtrise du temps.

Examinons une ligne du temps.

Un *moment* se compose de plusieurs *instants* : désigner l'un par le pluriel de l'autre est une ruse de langage – « Patientez quelques instants » : le déterminant évoque le… *moment* (l'un et l'autre sont indéfinis), mais le terme « instants » rassure aussitôt (l'attente ne sera pas longue), bien que l'impératif et son exhortation à la patience nous contrarient un peu. Mais c'est toujours pareil, on est mené en bateau : on nous avait dit « quelques instants », on finit par attendre un « bon moment » – et, bien sûr, c'est encore une formule équivoque : la langue française se moque de nous !

Revenons à notre ligne. L'*instant* y est un point spécifique ; le *moment* y est un segment moins bien délimité. On cerne d'autant mieux l'*instant* qu'il est souvent capital (« Le peignoir s'écarta, comme le matin. Un instant un sein fut visible petit et rond. Ce ne fut qu'un éclair. Et pourtant Maigret avait eu le temps de distinguer une cicatrice » [1]). Le *moment* reste plus vague, passe presque inaperçu (« Il fit ce qu'il devait faire, trempa un brin de buis dans l'eau bénite, se signa, remua un moment les lèvres et se signa à nouveau [2] »). L'*instant* est un arrêt sur image ; le *moment* est une image mal arrêtée. L'artiste réalise un *instantané* ; ce qui est *momentané* est insaisissable comme tel.

Le *moment* se fait discret, cache bien son jeu ; l'*instant* interpelle. Le premier se rapporte à un

1. Georges Simenon, *La Nuit du carrefour*.
2. Georges Simenon, *Maigret et l'Homme du banc*.

« certain présent » : on a des « moments de grâce », on profite d'un « moment de répit », on prolonge un « bon moment », on en passe de mauvais (qui ne se limitent pas toujours à un quart d'heure)… ; le second se joue dans l'immédiat : on vit « dans l'instant », on mène un « combat de tous les instants », on jouit d'un « instant de bonheur », on réagit « instantanément »… L'un ne renvoie qu'à une durée molle, un peu absente, autorise des questions sur le mode de l'indiscrétion nonchalante (« Que lis-tu en ce moment ? ») ; l'autre met de la pression dans l'air, engendre les insinuations (« Où étiez-vous à cet instant ? ») : « instant » est d'ailleurs la substantivation de l'adjectif « instant, instante » emprunté au latin *instans, -antis* signifiant « pressant », « menaçant », « proche » (un « péril instant »…).

Enfin, entre nous… le mot « moment » ment !… Emprunté au latin *mo(vi)mentum* (de *movere*, « bouger »), il désignait à l'origine le poids infime déterminant l'impulsion d'une balance… Bref, on a tort d'attribuer cette valeur à l'*instant* : c'est le « moment » qui est… décisif !

BOUQUIN

livre, bouquin

Selon le dictionnaire Littré, un *bouquin* est : 1) un livre dont on fait peu de cas ; 2) un livre (« lire un bouquin passionnant »).

Autrement dit, un *bouquin* est soit un livre sans intérêt, soit un livre (éventuellement formidable) : un « bouquin passionnant » a donc de quoi déconcerter. Un *livre* n'est, quant à lui, que la « réunion de plusieurs cahiers de pages manuscrites ou imprimées » (même source).

La lecture de ces définitions ne fait que renforcer ce que l'on savait déjà : *livre* serait une désignation objective ; *bouquin*, un terme dont le sens est aux appréciations parallèles de la bouche qui le prononce et de l'oreille qui l'entend. La réalité demeure ; le regard change. Un tel dit d'un « livre » (objet) que c'est un *livre* ; un autre, que c'est un *bouquin*. Si le *bouquin* est toujours un « livre », un « livre » n'est pas toujours un *bouquin*. N'est donc pas *bouquin* n'importe quel « livre » : place au verdict du quidam !

Car il s'agit bien d'un jugement. Un *livre* serait un « livre » ; un *bouquin*, un « livre qui ». Donc, pas forcément un « livre qui » est mauvais ou au contraire un « livre qui » est bon ; mais un « livre qui » est comme le pense quiconque choisit de dire « bouquin » plutôt que « livre ». On est parfois surpris… Là où l'autre voit un *bouquin*, je peux voir un *livre* ; et inversement. Au point qu'un « livre » est toujours un choix de cadeau périlleux : *livre* ou *bouquin* ? Si l'on sait ce que l'on va offrir, on ne sait pas ce qui sera reçu… Même la révélation publique du terme (« Un livre ! J'en étais sûr ! » ; « J'avais justement envie de lire ce bouquin ! ») ne fait que renforcer le doute (« Qu'est-ce qu'il entend par "bouquin" ? ») En s'en tenant aux explications rapides et ambiguës de Littré, on aurait des raisons de s'offusquer… *Bouquin* serait péjoratif ; *livre*, en terrain neutre. Distinction qui impliquerait, par exemple, que l'un « ne coûte pas cher » (« Ce bouquin ne vaut pas un centime ! ») et que l'autre, dans sa neutralité absolue, ne suscite ni désapprobation ni commentaires d'estime… Pourtant, on peut dire d'un « bon bouquin » qu'« il vaut de l'argent » : on lui accorde alors une valeur au moins égale à son prix. À l'inverse, *livre*, accompagné d'une épithète hypocritement choisie, peut en dire long sur l'estime à laquelle le « livre » en question est porté (méfions-nous des commentaires tels que « C'est un livre intéressant… », redoublons de prudence devant une phrase comme « Ce livre est touchant »…) : un *livre* peut être, lui aussi, un « livre qui », et notamment un « livre dont on fait peu de cas » (sans pour autant qu'il soit un *bouquin*).

Pour les moins conventionnels, *bouquin*, utilisé pour évoquer un objet désirable, aurait plus de charme que *livre* : un bon *bouquin* n'est-il pas plus aguicheur qu'un bon *livre* ? Le *bouquin* serait un objet de plaisir ; le *livre*, de labeur. Le *bouquin* serait le choix du cœur ; le *livre*, celui de la raison. Il ne faut pas pour autant préférer l'un à l'autre : tous deux livrent leur saveur (qu'importe le flacon…). Peut-on honnêtement comparer un « livre neuf » et un « vieux bouquin », un « grand livre » et un « petit bouquin », voire un « livre chiant » et un « bouquin de m… » ?

Lecteurs, nous sommes condamnés à errer de *livre* en *bouquin*, de *bouquin* en *livre*, et à contrarier les codes établis : acheter des *livres* (… d'occasion !) chez les bouquinistes, des *bouquins* en librairie, bouquiner des *livres* et lire des *bouquins* !

MAIL, E-MAIL, MÉL

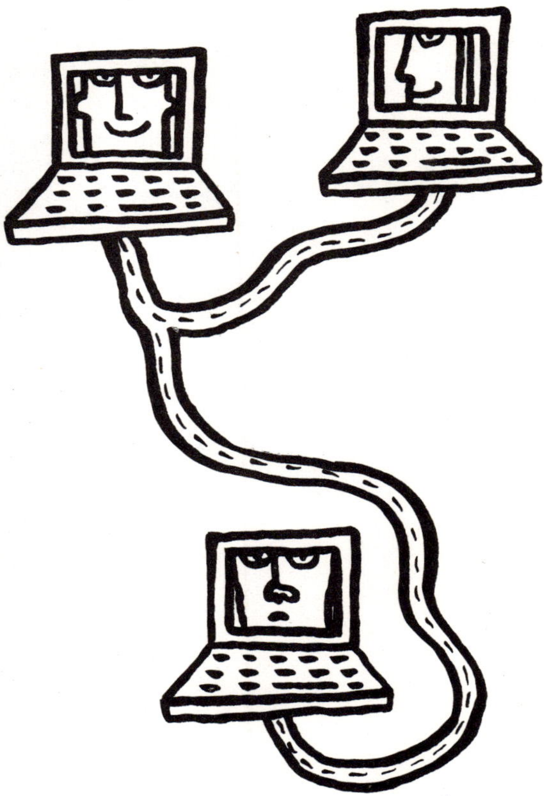

COURRIEL, COURRIER ÉLECTRONIQUE

mail, e-mail, mél, courriel, courrier électronique

Le *mail* est destiné au proche ; le *courriel*, à l'interlocuteur distant. Les spécialistes de la langue française déconseillent l'emploi du premier, importé de l'anglais, et recommandent celui du second, importé du québécois – la justification de cette préférence, à propos d'un mot qui, de toute façon, ne jouit pas du sacro-saint pedigree « franco-français », est déjà suspecte. Pourtant, dans la pratique, partisans ou non du puritanisme francophone, nous adoptons les conseils de l'autorité en fonction de la nature de notre relation avec le correspondant.

Le *mail* est l'art de la proximité ; le *courriel*, celui de la distance. L'un s'impose dans le cercle des amis et de la famille (« Ce petit mail pour te dire que je pense à toi ») ; l'autre fait figure de courrier professionnel (« J'ai bien reçu votre courriel et je vous en remercie »). L'un désigne un échange intime, qui peut aller jusqu'à la confidence (« Merci pour ton mail qui m'a fait du bien ») ; l'autre est réservé aux demandes, aux confirmations, aux tracasseries administratives faussement personnalisées (« Bonjour Rémi, merci d'avoir choisi notre service : votre mot de passe vous sera communiqué par courriel »).

De ce point de vue, le *mail* est au *courriel* ce que la lettre est au courrier. Quel amant enverra un courrier à sa promise alors qu'il peut épancher son cœur dans une lettre ? La lettre porte les sentiments ; on ne s'émeut pas à la lecture d'un courrier – sauf les P.-V. et les factures. Cependant, la lettre d'amour a-t-elle vraiment un équivalent électronique ? Le « mail d'amour » ou le « courriel d'amour » existeront-ils jamais ? Au pis on peut imaginer une « lettre d'amour par mail » (les moins inspirés transmettront un *mail* avec le document lettredamour.doc attaché en pièce jointe)...

Le *mail* s'échange « entre nous » ; le *courriel*, « avec autrui ». Le premier est plutôt spontané et vif ; le second impose l'élégance réfléchie, le protocole du courrier. Cette convivialité du *mail* a son revers : tendance à ne pas soigner, à courir au plus pressé, à déraper vers l'« orthographe SMS »... Certains finissent même par écrire « As-tu reçu mon *mél* ? » (ou *mel*, *mèl*...).

Pour éviter tout malentendu, les plus sages n'envoient ni *mails* ni *courriels*, mais des *courriers électroniques*, traduction plus ou moins correcte de *electronic mail* (*e-mail*), qui a engendré la copie française *courriel*, moins pour imiter – comme on veut nous le faire croire – l'abréviation du qualificatif « électronique » (e-/-el) que la sonorité de la syllabe finale « mail » (él)/«-riel » (èl). Au passage, signalons que « mail » vient directement de... l'ancien français « malle » (issu, au XIIe siècle, du francique °*malha*, « sac », « besace »), qui a traversé l'Atlantique jadis ; « courriel » serait donc un néologisme franco-québécois formé à partir de la... déformation américaine (« mail ») d'un mot... français (« malle »[1]) !

Notons également que le courrier était, à l'origine, le porteur de dépêches (de l'italien *correre* « courir »). À la lumière de cette étymologie, l'imagination d'un « courrier électronique » fait sourire...

En définitive et en principe, nous devrions donc tous opter pour l'*e-mail*, c'est-à-dire le « message électronique » (plutôt que « courrier électronique »). Mais, dans la pratique, *e-mail* semble désigner davantage l'adresse électronique que le message lui-même, bien que l'on entende aussi les tournures « adresse mail » voire « adresse e-mail » (« Passe-moi ton adresse e-mail ! »).

Bref, l'usage encore récent de ces différents termes se passe de toute réglementation. Et ce n'est pas demain que l'on parviendra à mettre les points sur les *e-*.

1. Le mot « malle » s'est vite spécialisé dans le sens « valise du courrier ». Par extension, la « malle-poste » a désigné la voiture qui acheminait les lettres aux bureaux de poste et qui pouvait accueillir quelques voyageurs.

OCULISTE

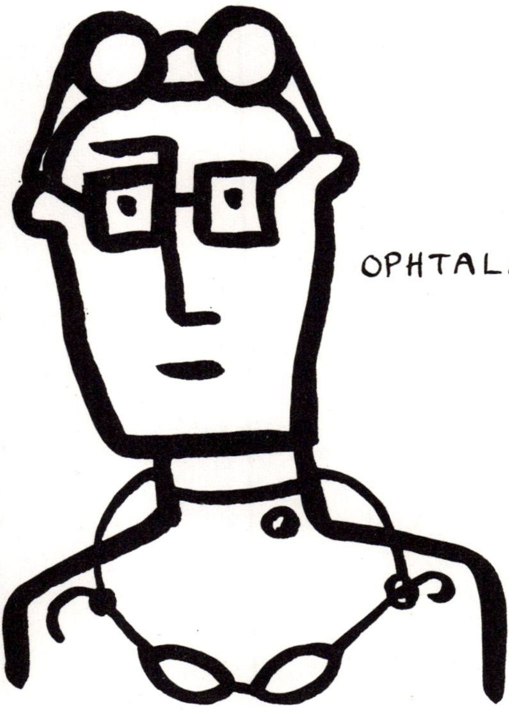

OPHTALMOLOGUE

OPHTALMO

oculiste, ophtalmologue, ophtalmo

Ce sont les spécialistes des troubles de la vision – à ne pas confondre avec l'opticien : personne qui fabrique et vend les lunettes, les lentilles et autres objets similaires.

C'est tout ? Mon œil ! La synonymie est, une fois de plus, une illusion – d'optique, bien sûr ; pour s'en persuader (ou s'en convaincre ?), jetons un coup d'œil sur les pratiques du langage…

Que les choses soient claires : nos trois termes désignent bel et bien la même personne ; la nuance provient moins de celle-ci que de l'individu qui la perçoit. Celui qui, aux yeux d'un tel, est un *oculiste* est qualifié d'*ophtalmologue* par tel autre – un autre encore voit en lui un *ophtalmo*. Voilà : tout est affaire de point de vue. C'est le regard qui fait le toubib.

Alors, ma vision des choses ? Il me semble que « oculiste » s'oppose à « ophtalmologue » (ou « ophtalmologiste ») comme « praticien » s'oppose à « théoricien ».

Vous êtes en vis-à-vis, juste séparés par un bizarre instrument d'optique : l'un a collé ses yeux d'examinateur sur les trous d'une boîte magique, l'autre (vous !) a bien calé front et menton sur l'appareil. Vous êtes en train de vous regarder droit dans les pupilles sans vous en rendre compte. Vous entendez vos respirations, très proches, presque mêlées (vous feriez tout pour étouffer votre souffle), et puis cette déclaration tant attendue, d'une voix cristalline : « Fixez le point lumineux vert… Ouvrez grand l'œil… Essayez de ne pas cligner… Très bien… Regardez en bas… En haut… À gauche… À droite… » C'est l'*oculiste* qui vous parle.

Vous vous faites toujours face mais vous avez définitivement repris une distance plus protocolaire : chacun enfoncé dans son siège, un large et massif bureau de médecin vous séparant. Pendant que l'autorité gribouille, vous attendez le diagnostic sans broncher (vous pensez au gros billet que vous allez devoir tendre l'air de rien, sans parler des frais qui s'annoncent : nouveaux verres, nouvelle monture… Encore un mois qui commence fort !). Puis tout à coup, ça y est : vous avez sous le nez une ordonnance avec deux schémas incompréhensibles en forme de demi-boussoles, deux séries de degrés et de chiffres d'autant plus inquiétants qu'ils sont négatifs (O.D. : – 7,25 ; 20° ; O.G. : – 6,75 ; 160°), d'autres sigles cabalistiques… et l'encre, encore humide, d'un cachet qui ne laisse pas de place à l'équivoque : Dr A. M. Delcourt/*OPHTALMOLOGUE*.

L'*oculiste* est le thérapeute ; l'*ophtalmologue* est l'homme de science. L'un jongle avec les globes ; l'autre s'adresse à la raison. Le premier s'amuse avec les verres correcteurs, le biomicroscope et le tableau de lecture lumineux ; le second disserte sur la sclère, la cornée et la presbytie. L'*oculiste* ausculte ; l'*ophtalmologue* prescrit. L'un joue au docteur ; l'autre, au savant.

Et l'*ophtalmo* ? L'aurait-on perdu de… vue ? Au contraire ! Le bigleux contemporain n'a de lunettes que pour lui, au détriment de ses collègues – relégués en zone d'ombre. C'est que l'*ophtalmo*, c'est autre chose. C'est un copain, une copine : il/elle est à nous – pas d'*ophtalmo* sans déterminant possessif. Pour un peu, on lui ferait la bise en échange de ses bons conseils – que l'on se refile ensuite entre ami(e)s, lors de discussions sur les lentilles et la conjonctivite : « Mon ophtalmo recommande fortement de… », « Tu veux bien me passer l'adresse de ton ophtalmo… C'est trop sympa ! »… La visite chez ce docteur pas comme les autres a sa place dans notre vie quotidienne. C'est un rituel qu'on apprécie, qui s'intègre dans notre agenda le plus naturellement du monde : « Cet après-midi, je vais chez le coiffeur, je vais voir mon ophtalmo, puis… on ira au cinéma, Ok ? » On va chez l'*ophtalmo* comme on va chez l'esthéticienne. C'est un moment dévolu aux soins, presque à la détente, au bien-être.

Ainsi, paradoxalement, l'*ophtalmologue* se révèle beaucoup moins austère sans sa queue (normal en fait : il y perd son λογος, suffixe signifiant « étude de »). Même le borgne O*culiste* regarde d'un mauvais œil (de son bon œil, qui plus est) le jeune O*phtalm*O, dont les (deux) yeux pétillent. L'un a la paupière lourde ; l'autre a des yeux de lynx (les mots « oculiste » et « ophtalmo(logue) » ont été formés savamment : le premier, au XVIe siècle, sur le latin *oculus*, « œil » ; le second, trois cents ans plus tard, sur le grec *οφταλμος*, de même sens).

La consultation chez l'*oculiste* serait presque une rencontre amoureuse s'il n'y manquait la complicité ; l'*ophtalmo* est plus attachant : vous l'avez déjà intégré à votre vie – il est presque de la famille (c'est le « vôtre »).

On peut faire de l'œil à son *ophtalmo* ; pas à son *oculiste*.

OFFRIR
DONNER
OCTROYER
ACCORDER

offrir, donner, octroyer, accorder

Ces verbes désignent l'action de transmettre une chose à quelqu'un ; mais chacun exprime une nuance dans le comment et le pourquoi de cette action. Synonymes par le résultat du geste ; différents par la nature du geste même.

Quel est le moteur de l'action ?

Offrir et *donner*, c'est proposer quelque chose à quelqu'un au nom d'une relation spécifique ; *octroyer* et *accorder*, c'est lui concéder quelque chose suite à une demande.

Ainsi *offre*-t-on des fleurs au nom d'une amitié, d'un amour. On peut *offrir* ses services par sympathie, *offrir* ou *donner* son bras par égard vis-à-vis de l'aîné, *offrir* l'hospitalité à l'ami. Le patron *offre* un emploi au futur employé. La femme *offre* son corps à l'amant : on lit parfois qu'elle se… *donne* à lui, le « sexe offert ». Quant à la concession, elle vient toujours au terme d'une supplication préalable, au point que la langue dispose des expressions « accorder une demande » et « octroyer une demande »… *Offrir*, *donner* : c'est le destinateur qui engendre l'action ; *octroyer*, *accorder*, c'est le destinataire qui l'a déclenchée.

Comment se déroule l'action ?

Offrir signifie « proposer librement » ; *donner*,

c'est « proposer de force ». *Octroyer* signifie « concéder de bon cœur » ; *accorder*, c'est « concéder avec réticence ».

Celui qui *octroie* une grâce accompagne son action d'un entrain visible (à défaut d'être toujours sincère…), car il sait que, à travers son geste, il devient lui-même exemplaire et brille aux yeux de ses sujets (« Quand même, quel roi ! Nous octroyer ainsi cette faveur ! ») ; celui qui *accorde* une chose le fait comme à regret (« Il a fini par m'accorder une permission ») ou en reconnaissant, sans trop insister, la raison de l'adversaire (« Je vous l'accorde »).

Offrir, c'est soumettre ; *donner*, c'est assigner (on donne la vie, la mort, un coup, un prénom…). *Offrir*, c'est présenter une chose à quelqu'un en lui laissant la liberté tacite de l'accepter ou de la refuser ; *donner*, c'est la lui tendre d'une manière qui interdit la contrariété – au mieux peut-on opposer un léger refus de politesse, mais personne n'est dupe : on est tellement content de recevoir (quand le *don* est inespéré… En revanche, certains *dons* sont acceptés pour éviter de froisser le donneur…). On peut ne pas accepter une *offre* (« J'ai refusé une offre d'emploi ») ; on ne peut refuser un *don* (mais la *donation* – *don* constaté par acte notarié – doit être acceptée par le « donataire » pour prendre effet). Pourtant, si l'on tient à conserver nos cadeaux (aussi laids ou inutiles soient-ils) précisément parce qu'ils nous ont été offerts, c'est presque sans scrupules que l'on se débarrasse de ce qui nous a été donné (qui n'a pas hérité, par exemple, de la « magnifique » argenterie ou du « splendide » buffet d'une vieille tante ?…). *Offrir*, ce n'est « que » mettre à la disposition (« Je vous offre la table et le logis ») ; *donner*, c'est mettre en la possession, c'est changer de propriétaire (« Je te donne ma veste marron, celle que tu as toujours voulu avoir ») – ne dit-on pas que « reprendre, c'est voler » ?

En dépit de ces considérations, la langue a ses subtilités contradictoires. *Offrir*, acte d'amour pur… En est-on si sûr ? *Offrir* ne se fait pas sans contrepartie (l'*offrande* garantit la protection des dieux) ; *donner* se veut un acte totalement désintéressé. Le bénéficiaire d'une *offre* est tenu de rendre la pareille pour entretenir la relation ; le *don* est purement gratuit. L'*offre* n'est souvent applicable que moyennant finances (« J'ai mis une offre sur cette maison », « Combien m'en offrez-vous ? »…); le *don* n'est jamais conditionné – pourtant, on dit « donnant, donnant » : ne devrait-on pas préférer « offrant, offrant » ?

Cela m'amène à constater que bon nombre d'expressions utiliseraient un terme pour un autre… *Donner* sa fille en mariage, au lieu d'« accorder » (à la suite d'une… « demande en mariage »). *Offrir* un cadeau, au lieu de « donner » (puisqu'on ne refuse pas un cadeau). Je ne lui *donne* pas un mois à vivre, au lieu de « accorde ». Se *donner* du bon temps, au lieu de « s'octroyer ». *Donner* son adresse, tantôt dans le sens de « donner » (à propos d'un importun : « Il tenait absolument à me donner son adresse »), tantôt dans le sens d'« accorder » (à propos d'un être convoité : « Il a fini par me donner son adresse ! »).

Voilà qui *donne* à réfléchir (ou à penser ?)…

PENSER
RÉFLÉCHIR

penser, réfléchir

Penser est une posture ; *réfléchir*, un acte. *Penser* n'est que penser ; *réfléchir* est déjà agir.

On dit « Il faut réfléchir avant d'agir » ; il faut comprendre « Il faut agir par la pensée avant d'agir sur la matière ».

Quiconque veut édifier une chose doit passer par ces trois étapes : *penser*, *réfléchir*, construire. L'inventeur *pense* l'objet, le conceptualise ; ensuite, il y *réfléchit*, en effectuant des calculs précis, en déterminant le meilleur agencement des pièces ; enfin, il le fabrique. Chaque phase inclut la permanence de celles qui la précèdent, de sorte que, à aucun moment, l'ouvrier n'oublie l'ingénieur et le créateur qui sont en lui et l'ingénieur, le créateur qui a tout *pensé*. *Penseur*, « réfléchisseur » (« réflecteur » ?), acteur : les sociétés reproduisent ce modèle individuel en distribuant les rôles parmi ses membres. C'est pourquoi, au sein d'une société, *penser* semble parfois une… imposture : lorsque ceux qui ne font que *penser* enjoignent à ceux qui ne font qu'agir d'adopter de nouveaux moyens d'action, les seconds reprochent aux premiers d'être « déconnectés de la réalité ». En effet, *penser*, cela pourrait signifier confronter ses idées à soi-même ; *réfléchir*, les confronter au monde.

Penser peut mener à *réfléchir* ; *réfléchir*, à passer à l'action. Celui qui *pense* n'est pas forcément en train de *réfléchir* ; celui qui *réfléchit* est forcément en train de *penser* – ce qui rend la phrase de Pierre Dac digne du « loufoque » qu'il était : « Rien ne sert de penser, il faut réfléchir avant » (dans son journal *L'Os à moelle*).

Penser serait comme entendre une voix ; *réfléchir*, l'écouter. Samuel Beckett écrit dans *Molloy* : « Je me mis enfin à réfléchir, c'est-à-dire à écouter plus fort. »

Penser, c'est traverser les choses ; *réfléchir*, c'est se pencher sur elles.

Penser est l'activité du cerveau ; *réfléchir*, son action. *Penser*, ce n'est que dire « Je suis » (puisque « Je pense donc je suis ») ; *réfléchir*, c'est dire « Je veux ». *Réfléchir*, c'est *penser* en vue de prendre une décision (« Tout bien réfléchi, je t'accompagne »), c'est *pe(n)ser* le pour et le contre (mais c'est « penser », et non « réfléchir », qui a cette étymologie, – du latin *pensare*, « peser », « apprécier »), c'est « penser mûrement et plus d'une fois à quelque chose » (Littré).

Penser ne suffit pas à être libre ; il faut *réfléchir* pour *penser* librement. *Réfléchir*, c'est revenir sur ses *pensées*, les remettre en question (du latin *reflectere*, « courber en arrière », « ramener »). On parle de « liberté de penser », et non de « liberté de réfléchir » : cette dernière expression n'existe pas – c'est pourtant la seule des deux libertés citées qui soit réelle, car c'est la seule qui ne soit qu'individuelle. Au sein d'un groupe qui *pense* d'une certaine façon, chaque individu a sa façon de *réfléchir*. On peut partager une manière de *penser*, non une manière de *réfléchir*. On peut dire à quelqu'un ce qu'il doit *penser* ; non comment il doit *réfléchir*. On trouve des « maîtres à penser » ; des « maîtres à réfléchir », point.

Ou bien on *réfléchit* ou bien on ne *réfléchit* pas ; on ne s'arrête jamais de *penser* : tout au plus ne *pense*-t-on à rien – ce qui est encore *penser*.

On sait à quoi l'on *réfléchit* ; pas toujours à quoi l'on *pense* – et quand on le sait, on ne veut pas systématiquement le dire, ce qui irrite tant lorsqu'on vous pose la sempiternelle question : « À quoi penses-tu ? », plus généralement : « À quoi tu penses ? », à laquelle vous apportez la sempiternelle réponse : « À rien », ce qui a toutes les chances de décupler encore la curiosité de votre interlocuteur… Notons que si l'autre réponse fréquente, « Je réfléchis », tantôt satisfait l'inquisiteur, tantôt l'incite à demander : « À quoi ? », elle précise au moins que *réfléchir* n'est pas *penser* !

PERSUADER
CONVAINCRE

persuader, convaincre

Ces verbes ont rapport au pouvoir d'agir sur l'homme dans ses opinions. C'est l'action d'amener quelqu'un à croire une chose comme vraie ou à le décider à poser un acte dont, jusque-là, la pertinence lui semblait incertaine.

La fin est la même ; les moyens divergent. *Persuader*, c'est parler au cœur ; *convaincre*, c'est parler à l'esprit. Celui qui *persuade* agit sur la volonté ; celui qui *convainc* s'adresse à la raison. Le premier veille à la crédibilité de sa personne ; le second, à la vérité des faits. L'un se fonde sur la confiance qu'il inspire ; l'autre, sur les preuves qu'il avance. Il y a des éléments *persuasifs* ; il y a des pièces à *conviction*. Croyance ; certitude. On *persuade* quelqu'un de quelque chose, à défaut de pouvoir le *convaincre* en apportant les preuves certaines d'un fait (en droit, est dit « convaincu » celui qui est reconnu coupable).

Celui qui est *persuadé* d'une chose manque de preuves pour en être entièrement *convaincu* ; celui qui est *convaincu* d'une chose en est absolument certain (« convaincre » vient du latin *convincere*, « vaincre entièrement »). La *persuasion* ne chasse le doute que pour un moment (« J'étais persuadé du contraire… ») ; la *conviction* perdure grâce à sa vérité – dans le langage, la *persuasion* se mue bien souvent en *conviction* (on a des « convictions politiques, religieuses... » ; on dit « Un catholique convaincu » mais rien ne prouve, par la raison, l'existence de Dieu !). *Persuader* serait plutôt agir sur autrui (« Il m'a persuadé/dissuadé d'aller à cette soirée ») ; *convaincre*, agir sur soi-même (« C'est mon intime conviction »). On peut dire « C'est un convaincu » (on peut même le prêcher...) ; on n'entend jamais « C'est un persuadé ».

Pour Schopenhauer, l'art de *persuader* (la dialectique) est plus difficile que l'art de *convaincre* (la logique) : l'art de *persuader* se fonde sur l'éloquence, quelle que soit la vérité des faits, alors que l'art de *convaincre* se fonde uniquement sur la vérité, le pouvoir des preuves « indiscutables » (qui interdisent la parole). La logique (du grec λογος, « la raison transmise par la parole ») vaut avant tout par la raison ; la dialectique (du grec διαλεγεσθαι, « s'entretenir »), par la parole : c'est ce que Schopenhauer appelle l'« art d'avoir toujours raison ».

On *persuade* en montrant sa « force de persuasion » ; on *convainc* surtout par la force du raisonnement. D'un côté, la faconde *persuasive* ; de l'autre, l'argumentation *convaincante*. C'est pourquoi *persuader* signifie quelquefois tromper volontairement ; en aucun cas, *convaincre* ne tolère le mensonge (délibéré). Les arguments *persuasifs* sont vrais ou faux ; les arguments *convaincants* sont toujours vrais. On peut tromper quelqu'un pour le *persuader* ; on ne peut mentir pour *convaincre*. « Se persuader » soi-même, c'est bien souvent « s'imaginer que », se faire des films ; « se convaincre » n'est vraiment usité que pour désigner une influence mutuelle (« Ils se sont convaincus l'un l'autre »). Pour *persuader*, il suffit d'être… *convaincant* ; pour *convaincre*, il faut au moins être soi-même *convaincu*. Pour *persuader*, il faut travailler la forme ; pour *convaincre*, le fond peut suffire si les preuves sont… éloquentes – mais un discours efficace accélère toujours la démonstration.

Au final, *persuader* quelqu'un, ce serait le manipuler ; *convaincre*, le raisonner.

Convaincu(e) ?

piscine, bassin de natation

On est au bord, sur le petit carrelage chaud, entre l'herbe fraîchement tondue et le bleu qui clapote. Allongé sur un transat, un chapeau incliné sur le visage, on a oublié un index nonchalant entre les pages d'un livre de poche – un Beigbeder, un Gavalda ou alors un Agatha Christie qu'on s'était promis de relire, quand on aurait le temps. C'est la fin de l'après-midi, dans la chaleur douce on sommeille, on va presque s'endormir, de temps à autre on entend les mouvements de l'eau – et les rires des enfants qui ont entrepris un concours de poiriers sous-marins. On est dans une bulle, le temps s'est arrêté : c'est la *piscine*.

La cabine était un peu exiguë, avec son petit banc sur lequel on n'a pas voulu s'asseoir (il n'était pas très net ; il y avait de l'eau). On n'y a guère traîné, juste le temps d'enfiler le bonnet et le maillot, de sortir par la seconde porte et de confier au responsable – en échange d'un bracelet rouge numéroté – son espèce-de-cintre-sur-pieds-terminé-par-un-bac où on a soigneusement abandonné habits et chaussures. Juste après, on s'était senti un peu trop nu, à marcher, parfaitement sec, dans le couloir qui nous a mené au brouhaha et à l'agitation de la grande salle vitrée. Là, on a d'abord dû traverser un minuscule bassin pour les pieds, puis on s'est accroupi près de l'eau pour se mouiller la nuque ; d'autres, à nos côtés, ont plongé directement sans prendre ces précautions – nous gratifiant d'un éclaboussement glacial. « Y a de ces inconscients, j' te jure ! Et sans respect, avec ça ! » a-t-on bougonné ; un instant, on s'est dit qu'à notre tour on allait impressionner ces bellâtres par un plongeon olympique. Et à présent… on y est, il faut sauter. Finalement, on préfère descendre par l'échelle métallique. Ça se passe comme ça, au *bassin de natation*.

Piscine, *bassin de natation*. On pourrait se contenter de cette distinction un peu facile et plutôt commode entre le cocon familial bourgeois et l'univers de l'établissement public – entre la baignade et la nage rigoureuse. Au *bassin de natation*, on n'est pas là pour rire ; on est là pour l'action : on exécute son heure de sport hebdomadaire (on a même pris un abonnement), on fait d'interminables longueurs en variant les nages – brasse, crawl, papillon. On sort, on prend sa douche, on retrouve sa voiture. On est satisfait. Dans sa *piscine*, c'est autre chose : on fait ce qu'on veut. Bien sûr, les adultes y tentent encore quelque brasse gentille, pour se détendre, la tête hors de l'eau – papa à cause de ses lunettes (qu'il ne veut pas enlever), maman à cause de son brushing –, mais ils n'y restent jamais longtemps : ils préfèrent la chaise longue et le petit apéro. Les plus jeunes, en revanche, s'en donnent à cœur joie : on fait la « bombe », on coule le petit frère, on improvise un match de water-polo (posées sur le rebord, deux sandales servent de poteaux d'une cage improbable). On est content, heureux même.

Et puis, en plus, il y a dans la sonorité de la formule « bassin de natation » comme la réminiscence d'un monde pratique, utilitaire, destiné à la corvée ou à l'hygiène. Il y a d'abord quelque chose de scolaire : on songe à la « grande profondeur », aux « brevets », à la longue perche du maître nageur et à l'odeur du chlore (mêlée à celle de l'urine, dans des toilettes où l'on se rappelle qu'on est pieds nus). Il y a aussi tout ce qu'évoque le mot « bassin » (du latin populaire °*baccinus*, « récipient creux à fond plat ») : l'ustensile de cuisine, l'accessoire de toilette (la « bassine » n'est pas très loin) sans oublier celui qui peut servir de commodités (on ne va pas « au bassin » pour nager !).

Les enfants vont au *bassin de natation* (ou « à la natation ») avec l'école et plongent dans leur *piscine* dès qu'ils rentrent à leur maison – avant de plonger dans leurs devoirs… Dans la *piscine*, on est à l'aise : on est comme un poisson dans l'eau (normal, vu que c'est le latin *piscis*, « poisson », qui a donné « piscine », désignant le vivier, c'est-à-dire le bassin où l'on nourrit les poissons). On s'y sent tellement bien que la *piscine* est l'objet d'un imaginaire légèrement érotique, peuplé de naïades prêtes à tout (y compris pour se rendre célèbres…).

Mais il faut nuancer davantage le propos pour évoquer les types d'acquisitions à usage privé et les parcs aquatiques. Ainsi, les « piscines » hors sol, qu'on achète en kit et qu'on monte soi-même dans son jardin… Les enfants y passent des heures à jouer, les parents y font trempette avant le barbecue : cette cuvette surélevée, posée sur l'herbe, avec ses airs d'installation provisoire, on la baptise « piscine »... Certes ! Mais voilà, le mot ne sonne pas. On ne peut pas vraiment dire non plus qu'elle soit un « bassin de natation » (on y nage si peu...). Un simple *bassin*, peut-être ? À l'inverse, que dire des immenses *bassins de natation* érigés en parcs de loisirs ? Bien sûr, on doit pour y entrer montrer patte blanche (c'est-à-dire le portefeuille), on doit se résigner au rituel de la cabine et aux exigences du règlement (short-maillot interdit et bonnet obligatoire), on doit faire abstraction de centaines d'inconnus qui ont eu la même idée que nous... Mais rien à faire : on n'est pas dans un *bassin de natation* ; toboggans, boas, parcours en bouée... appartiennent à l'univers de la *piscine* – le tremplin (surtout le grand) rappelle plutôt le cours de natation (donc, le *bassin*) et la séance de sauts qui fait systématiquement pleurer un ou deux élèves terrorisés tandis que les autres s'en sortent avec un lâche « saut en I » (une poignée de m'as-tu-vu réalisent un plongeon parfait). Ces parcs-*bassins de natation* comprennent également des *piscines* à bulles, des *piscines* chaudes et les incontournables *piscines* à vagues ! Toutes ces *piscines* sont elles-mêmes composées de plusieurs... *bassins* (au sens étymologique).

Enfin, les collégiens ont beau aller au *bassin de natation*, le bus les emmène à la... *piscine* communale. Si le *bassin de natation* est en intérieur et si la *piscine* est en plein air, on nage quelquefois en extérieur dans un *bassin de natation* et quelquefois dans une *piscine* couverte. Il arrive en outre qu'on fréquente le même établissement – tantôt *bassin de natation*, tantôt *piscine* – aussi bien avec l'école qu'en famille ou avec des amis : le plus drôle, c'est de se dire que tout ce que l'un nous interdit (défense d'aller au toboggan, de noyer les copains, de tirer sur les maillots, d'embêter les filles, bref : défense de s'amuser), l'autre nous l'offre comme le meilleur à faire. Le *bassin de natation* devient *piscine*.

PATATE

POMME DE TERRE

pomme de terre, patate

Cyrano de Bergerac, reniflant dans ces termes une allusion à son fameux appendice, eût sans doute improvisé à brûle-pourpoint l'éloge de ces tubercules. Sans sa verve et sans alexandrins, je pourrais – pour confronter les synonymes – me lancer dans une sorte de « tirade de la patate »… En variant l'angle, par exemple, tenez :

Scientifique : la *pomme de terre* appartient à la famille des solanacées ; la *patate*, à celle des convolvulacées. Ce sont deux légumes distincts, en dépit de l'amalgame les fourrant dans le même sac (de *pommes de terre*, évidemment). Il est donc erroné de dire *patate* pour *pomme de terre* (ce qu'on entend souvent), et inversement (confusion beaucoup plus rare).

Étymologique : « patate » vient d'une langue amérindienne ; « pomme de terre », du latin classique. Originalité affichée pour l'un ; généalogie traditionnelle pour l'autre. Glanons davantage d'informations. La langue française a pris directement « patate » à l'espagnol *patata*, lui-même emprunté un peu plus tôt à l'arawak de Haïti *batata* – ramené en Europe au XVIe siècle par les conquistadores. « Pomme de terre » est constitué des mots latins *pomum* et *terrae* : *pomum* a longtemps signifié

« fruit » (au sens général) avant de concerner le « fruit du pommier », se substituant au premier nom de la pomme, *malum* (lui-même emprunté au grec μῆλον, « pomme », « fruit » ; *malum* n'est donc pas une forme de l'adjectif latin signifiant « mauvais ») – le fruit défendu, dans la Bible, n'était donc pas forcément une pomme... Bref, pendant longtemps la « pomme de terre » a désigné le « fruit de la terre », quel qu'il fût ; son sens actuel ne serait apparu en France que vers 1750 !

Historique : ce n'est qu'au début du XVIe siècle, lors de leur conquête du Nouveau Monde, que, dans la zone caraïbe, les Espagnols se sont retrouvés... nez à nez avec la *patate* : les indigènes la cultivaient déjà depuis plusieurs millénaires ! Découverte (de la même façon) dans les Andes, la *pomme de terre* a pris les mêmes caravelles – quelques dizaines d'années après la *patate* – pour débarquer sur la péninsule Ibérique après 1550. Ensuite, on se perd un peu dans les parcours de la *patate* et de la *pomme de terre* à travers l'Europe : Espagne, Italie, Irlande, Allemagne. La France enfin, où l'on parlait de truffes, de truffoles ou parfois de cartoufles... On s'en servit d'abord pour nourrir le bétail, ensuite pour subvenir aux besoins de l'homme lors des disettes du XVIIIe siècle : c'est d'ailleurs à l'occasion d'un concours organisé, en 1771, pour récompenser la meilleure proposition de source alimentaire en cas de famine qu'Antoine Augustin Parmentier répandit la *pomme de terre* dans l'Hexagone, avec le soutien du roi Louis XVI. Quant à la confusion entre les deux tubercules, les Anglais ont été les premiers à la faire en disant « *potato* » pour parler aussi bien de la *pomme de terre* que de la *patate*. Lors de leur conquête du Canada (1756-1763), ils y ont transmis l'erreur ; les Français ont suivi. Aujourd'hui, lorsqu'on veut éviter toute ambiguïté avec la *pomme de terre*, on dit « patate douce » – on ne dit jamais *patate douce* pour *pomme de terre* (cette confusion-là n'existe pas) : quiconque emploie l'appellation complète sait de quoi il parle (ce qui ne l'empêchera pas de dire « patates » pour désigner des pommes de terre…).

Populaire : la forme et la consistance des tubercules ont inspiré quelques expressions familières. En ce domaine, la *patate* a la cote ! On peut la mettre à toutes les sauces : en parlant d'un individu maladroit ou niais (« Eh, patate ! », « Quelle patate ! »), du cœur (« J'en ai gros sur la patate »), d'un problème si embarrassant qu'on en charge autrui (« Ils m'ont refilé la patate chaude ») ou encore le… nez, bien sûr ! La *pomme de terre*, bien qu'elle soit plus discrète, n'est invoquée que pour doubler la tare : à propos du physique d'une personne (une « patate » est aussi un « sac de pommes de terre ») ou de son… nez (une « patate au milieu de la figure » : un « nez en pomme de terre »). Enfin, celui qui a une « bonne pomme » a, en fait, une drôle de *patate* : « bonne pomme », pour désigner la tête, pourrait avoir été créé par imitation de « patate » utilisé dans le même sens – « C'est pour ma pomme » serait donc, au fond, « C'est pour ma pomme de terre » !

Gastronomique : la *patate* ne se contente pas des nombreux usages culinaires de la *pomme de terre* ; elle est encore plus polyvalente. Son secret ? Le sucre ! La *pomme de terre* « se limite » aux potages, aux frites, aux chips, aux hachis, à la purée, aux salades, au gratin, à la tartiflette et aux autres recettes dont le nom est déjà un délice (« pommes de terre en robe des champs », « pommes de terre en papillotes », « pommes de terre farcies »...) ; la *patate* fourre également son nez dans les gâteaux, les marmelades, les puddings, les biscuits et bien d'autres desserts comme les « patates douces confites aux... pommes » !

Pratique : qu'y a-t-il de commun entre une soupe, une bouteille de vodka et du papier ?... La *pomme de terre* ! En effet, sa forte teneur en amidon – qui la distingue de la *patate* – fait d'elle une pomme... à tout faire : elle sert d'épaississant dans l'alimentation, mais aussi dans certains médicaments, en papeterie, dans le textile et même dans le rouge à lèvres ! On peut encore profiter des vertus de l'amidon grâce à un autre usage de la *pomme de terre* : coupée en rondelles étalées sur la peau, elle soulage les coups de soleil les plus douloureux !

Nutritionnel : il y a toujours quelqu'un pour dire que les *pommes de terre* sont mauvaises pour la santé, qu'elles font grossir, et patati et patata... C'est faux ! Non seulement nos deux légumes ont une excellente valeur nutritive, mais en plus ils sont peu caloriques – consommés sans ajouts de graisse, évidemment... La *pomme de terre* est surtout riche en vitamine C ; la *patate*, en vitamine A. Par ailleurs, l'une et l'autre contiennent des antioxydants qui protègent l'homme contre les maladies cardiovasculaires, certains cancers et les troubles liés au vieillissement. Enfin, la *pomme de terre* rend le sommeil meilleur et a des propriétés antidépressives…

Moral : mangez des *pommes de terre*, vous aurez la *patate* !

RÔTIE

TARTINE GRILLÉE

rôtie, tartine grillée

Il me semble qu'il en est de la synonymie de ces deux termes comme de celle de « chocolat chaud » et « cacao ». Une question de rite familial. Et de génération.

« Tu veux une rôtie ? » Qui ne s'est jamais entendu poser cette question, par exemple lors d'un dîner avec la belle-famille ou lors d'un passage chez une vieille tante ? À chaque fois, on a un moment d'hésitation, non pas parce qu'on réfléchit à la proposition, mais à cause de la surprise récurrente que le mot – « une *rôtie* » – nous procure. On répond oui, mais on se demande une fois de plus pourquoi ce qu'on appelle, chez soi, une *tartine grillée* devient, chez les autres, ce mot incongru entre le rot et l'hostie. Le pire, c'est qu'on ne peut s'empêcher de retourner l'argument : de quoi a-t-on l'air lorsqu'on propose une *tartine grillée* à l'hôte qui a grandi en mangeant des *rôties*, voire des *tartines rôties* ?

À tous les coups, ça irrite : y a-t-il, oui ou non, une différence entre une *tartine grillée* et une *rôtie* ? Et à chaque fois, c'est pareil : on préfère ne pas savoir – de peur de dénaturer le charme d'une petite mythologie personnelle : celle du petit-déjeuner, celle du goûter… Et puis un jour, on feuillette distraitement ce livre sur les synonymes et on y découvre ceci :

Il ne faut pas confondre *griller* et *rôtir*. *Griller*, c'est amener l'aliment à la cuisson grâce à un gril ou dans une poêle ; *rôtir*, c'est cuire à feu vif : à la broche, au four ou dans la braise. On *rôtit* sur la flamme ; on *grille* sur un support. *Rôtir*, c'est cuire au feu lui-même ; *griller*, c'est saisir et dorer à la chaleur de celui-ci. Deux rapports différents au feu : d'un côté, la source ; de l'autre, ses effets. *Rôtir* ; *griller*. Feu ; chaleur.

Au sens figuré, *griller* et *rôtir*, de même que brûler ou cuire, s'emploient indifféremment pour parler de l'effet causé sur l'individu par une trop grande chaleur ou par une trop longue exposition au soleil. On devrait plutôt utiliser *rôtir* et brûler pour mettre en avant le contact direct au feu (« Elle se rôtit au soleil », « Le soleil brûle la campagne ») ; *griller* et cuire, pour insister sur les effets calorifiques (« Qu'est-ce qu'il fait chaud ! Je cuis ! »). Au sens littéral, et dans cette logique, celui qui « marche sur des charbons ardents » n'a rien à envier à celui qui est « sur le gril » : tous deux brûlent d'impatience, mais le premier *rôtit* à même le feu, le second *grille* à sa chaleur, à petit feu... Rien d'étonnant : avant de s'appliquer à la cuisson, *griller* a d'abord signifié « supplicier par le feu » – le gril étant l'instrument de la torture. Que préférer : l'immolation brutale ou la lenteur du supplice ?

Nos deux verbes se déclinent en noms, au féminin comme au masculin. Le *grillé* désigne le raisin ayant souffert d'une trop forte chaleur ; le *rôti*, la viande *rôtie* ou le morceau de viande destiné à cette cuisson : *rôti* de veau, *rôti* de bœuf ou rosbif… – sans parler de la fumée du *rôt*… Et nous voici enfin au pain ! Une *(tartine) grillée* est une « tranche de pain français grillé » ; une *(tartine) rôtie* est une « tranche de pain de mie grillé » (Alain Rey, *Dictionnaire historique de la langue française*, Le Robert, 1992).

La nuance ne serait donc pas dans une différence de cuisson mais dans la nature du pain lui-même ! Aujourd'hui, pour désigner la tranche de pain de mie grillé, on dit « un toast » plutôt que « une rôtie » (qui est devenu un régionalisme et qui fait « vieille France ») : le français « toast » est un emprunt à l'anglais *toast*, qui avait été lui-même emprunté à l'ancien français *tostee* (« pain grillé »), du verbe latin *torrere* (« griller », « rôtir », « dessécher »). Si le toast peut désigner une *rôtie*, la *rôtie* n'est pas une *tartine grillée* – pain français oblige. Pour compliquer l'affaire davantage, le *grille*-pain – qui cuit le pain à la chaleur par l'intermédiaire d'une grille – est également appelé « toaster » ou « toasteur »…

Alors, *rôtie* ou *tartine grillée* ? Tout dépendrait donc du pain… Est-on vraiment plus avancé ? Et si, finalement, il eût mieux valu ne pas savoir ? Cela m'aurait épargné cette tartine !

similaire, semblable, identique

Ces termes qualifient une analogie entre plusieurs éléments : telle est leur synonymie. Chacun correspond à un niveau de ressemblance différent : telle est leur nuance.

Similaires, les choses qui sont de même nature ; *semblables*, celles qui partagent plusieurs propriétés visibles ; *identiques*, celles qui ne se distinguent que par le fait d'être multiples.

Des objets *similaires* appartiennent à la même famille mais ne se ressemblent pas (en anatomie, les « parties similaires » désignent les constituants d'un organe) ; entre deux choses *semblables*, on constate un… air de famille – bien qu'elles ne soient pas toujours *similaires* ; enfin, ne peuvent être *identiques* que deux clones : ils sont parfaitement *semblables*, tout en demeurant distincts.

Reconnaître une *similarité* est une faculté cognitive : on ne peut l'établir qu'en vertu d'une capacité à former des catégories mentales (« Son appartement est parsemé de bougies, de bâtons d'encens, de photophores et d'autres objets similaires ») ; la *similitude* entre deux éléments saute aux yeux : on la repère par comparaison en fonction d'une apparence commune (« Cette maison est semblable à celle-là », « Il partage le sort de ses semblables ») ;

l'*identité* se fait toujours remarquer : c'est chaque fois la surprise de voir double (« Maman, regarde ! La même voiture que nous ! » Voilà un événement aussi curieux qu'intrigant : l'enfant a tellement intégré « sa » voiture – une Opel Kadett break rouge – à sa vie quotidienne qu'il a du mal à imaginer que d'autres enfants, d'autres parents puissent avoir un véhicule *identique*… Il les soupçonne inconsciemment : « Ont-ils également la même vie que moi ? »)

Similaire et *semblable*, du latin *similis*, formé sur la racine indoeuropéenne °*sem-* signifiant « l'unité » ; *identique*, emprunté au latin scolastique *identicus*, dérivé de *idem* signifiant « le même ». Les éléments *similaires* composent un ensemble ; les éléments *semblables* en donnent (au moins) l'impression ; les éléments *identiques* ne forment qu'un enchaînement de copies conformes (reproduites à l'*identique*). Uniques, les premiers ne sont « les mêmes » que par leur appartenance à un même groupe ; les deuxièmes sont uniques mais plus ou moins les mêmes ; les derniers sont exactement les mêmes mais ne sont pas uniques.

Le langage enfreint parfois la règle. « Il n'a pas son semblable » signifie qu'« il » ne pourrait pas être remplacé : il est unique – on devrait dire : « Il n'a pas son identique. » « Il est resté identique à lui-même » signifie qu'« il » est resté à la fois le même *et* unique. On s'en sort avec d'autres formulations : « Il n'a pas son pareil », « Il est resté égal à lui-même » (« pareil » vient du latin *par*, *paris*, « égal »).

On peut associer des éléments *similaires* ; on peut comparer des faits *semblables* ; on peut assimiler les choses *identiques*.

Les matheux ne confondront pas les figures *similaires*, les quantités *semblables* et les équations *identiques*…

Et les synonymes ? « Termes » *similaires*, *semblables* ou *identiques* ? Il faut prendre conscience du double aspect du langage : le mot lui-même et ce qu'il désigne – c'est la célèbre distinction entre « signifiant » et « signifié », établie par le linguiste Ferdinand de Saussure. Des homonymes sont *identiques* par leur prononciation et, parfois, par leur orthographe ; ce ne sont pas pour autant des synonymes : ils ne visent pas le même référent. Il est plus probable d'avoir un chêne dans son jardin qu'autour du cou… Le chou que vous embrassez n'est pas le chou que vous faites mijoter – ou alors vous le faites languir ! La synonymie ne concerne donc pas les mots (l'homonymie s'en charge) mais ce qu'ils désignent : ces réalités ainsi pointées du doigt par la langue sont très rapprochées… mais n'en demeurent pas moins distinctes – elles ne sont jamais *identiques*, à cause de différences soit intrinsèques (par exemple : pomme de terre, patate), soit liées à la particularité de chaque perception individuelle (par exemple : oculiste, ophtalmo). Les synonymes partagent une analogie de sens mais ont chacun des connotations différentes : les moins nuancés (donc les plus proches) s'appliquent aux réalités *semblables*, les plus nuancés (les moins proches) évoquent des objets *similaires*.

susceptible, colérique, irritable

Le premier se vexe ; le deuxième se cabre ; le dernier craque. *Susceptible* : je suis vite offensé ; *colérique* : je m'emporte violemment sans crier gare ; *irritable* : j'ai les nerfs sensibles.

Le *susceptible* est affecté dans son amour-propre ; le *colérique* est victime d'une saute d'humeur ; l'homme *irritable* est le jouet de son système nerveux.

Les causes des comportements varient. La *colère* est le résultat d'un stimulus extérieur ; la *susceptibilité* et l'*irritabilité* se nourrissent davantage d'elles-mêmes. Chacune est une disposition naturelle de l'esprit, mais l'une est plutôt la révolte contre un méfait objectif ; les deux autres sont la propriété des âmes à fleur de peau.

Le *susceptible* n'accepte pas la critique ; le *colérique* critique souvent ce que les autres acceptent ; l'individu *irritable* fait les deux.

Le premier est celui qui, dépourvu de carapace, reçoit en plein cœur tout ce qu'on lui lance et qu'il prend pour des flèches : le mot latin *susceptibilis* signifie « capable de recevoir » (du verbe *suscipere* – formé de *sub*, « sous », et de *capere*, « prendre » – signifiant « prendre par-dessous »). De là vient également la tournure « être susceptible de », qui indique l'aptitude latente de l'individu à faire ou à accepter une chose précise.

Le deuxième est celui dont la bile s'échauffe en secret à cause d'une iniquité ou d'un fait auxquels il n'est pas forcément lié : la *colère* éclate ensuite comme une libération – « colère » est emprunté au latin impérial *cholera*, qui veut dire « bile » : on écrivait « cholère » jusqu'au XVIIe siècle. À force de manifester cette humeur, le *colérique* en a fait son caractère.

Le troisième est celui auquel on inflige reproches et revers jusqu'au moment (qui vient assez rapidement) où il se montre *irrité* : ses nerfs sont vite éprouvés – « irritable » est emprunté au mot latin *irritabilis* signifiant « qui fait réagir les nerfs ».

« Susceptible » et « irritable » se rejoignent doublement : par un sentiment d'atteinte personnelle suivi d'une réaction qui ne se fait pas attendre. Le *susceptible* se sent constamment agressé (on « blesse » sa *susceptibilité*) : son défaut est de ne voir que son nombril. Quiconque est *irritable* est écorché par la moindre contrariété : son défaut est de manquer de patience – il a toujours les nerfs à vif.

« Irritable » et « colérique » désignent des caractères comparables dans leur effet : la… *colère*. Dans un cas, celle-ci surgit par exaspération ; dans l'autre, par révolte – elle se manifeste soudainement, dans les deux cas. L'homme *irritable* l'utilise comme réponse à toute provocation ; le *colérique* y recourt abusivement pour dénoncer une injustice et affirmer une vérité – il voit en tout un motif de révolte. La *colère* du second est plus réfléchie que celle du premier (« Je vais me mettre en colère » invite encore l'adversaire à changer de comportement; « Tu m'irrites ! » coupe court à toute négociation).

Le *susceptible* se défend par… l'attaque verbale immédiate (on y répond par un « Hou la la !… Môsieur est susceptible ! » ou par un « Quelle susceptibilité ! »). Le *colérique* et l'individu *irritable* réagissent par l'ire : ils sont tous deux irascibles (venant, comme « ire », du latin *ira*, « colère »).

Le *susceptible* réagit au quart de tour ; le *colérique* a un mouvement de violence ; l'*irrité* a les nerfs qui lâchent.

Le premier prend la mouche ; le deuxième pique une *colère* ; le dernier pète un câble.

Attention, ne pas froisser !

tic, toc

Manies.

Le *tic* est cette petite habitude (dans les gestes ou la parole) qu'on a contractée presque sans s'en apercevoir et que l'on reproduit de la même manière ; le *toc* est ce rituel minuscule auquel on se livre autant de fois que nécessaire pour calmer une angoisse récurrente. Geste involontaire, d'un côté ; conscience de l'action, de l'autre. Le *tic* est automatique ; le *toc* est une tactique. Le *tic* est un réflexe ; le *toc* est un acte.

En pratique ?

Tics du langage oral : les « en fait » qui ponctuent nos discours en cascade, tous les petits mots typiques que la répétition rend insupportables (« dis », « euh » ou l'irréductible « quoi » qui martèle la fin de chaque phrase…), ainsi que d'autres tours dont chacun librement peut être fanatique (un de mes professeurs avait une tocade pour la locution conjonctive « si tant est que »).

Tic de style : se dit à propos d'un artiste qui applique systématiquement les mêmes trucs – pas toujours adéquats – d'une œuvre à l'autre.

Tic de la coquette : consiste, par exemple, à remettre sans cesse une mèche de cheveux… qui finit toujours pas retomber (à pic). Autre cas, moins chic : se ronger les ongles sans y songer...

Et le *toc* ? Avant de s'y attaquer, l'historique du *tic* mérite un break ! De fait, « tic » n'a pris le sens de « manie » que par extension. Il s'agit d'abord d'un terme médical, créé par onomatopée, qui désigne, chez le cheval, la contraction involontaire – et sonore : « tic ! » – de certains muscles de l'encolure. Cette acception a ensuite concerné l'être humain : les *tics* de la face sont les plus fréquents. Enfin, tout s'explique : de la figure au figuré, il n'y a qu'un « tic »... D'où le sens déjà évoqué.

Alors, le *toc* ? C'est le fameux « trouble obsessionnel compulsif »... « Obsessionnel » : l'individu est préoccupé par des pensées, des besoins ou des doutes récurrents (avant chaque départ : « Ai-je éteint les plaques de cuisson ? »). « Compulsif » : l'individu ne peut s'empêcher de répondre à son angoisse pour en être quitte... provisoirement (la seule manière de s'assurer que les plaques sont éteintes, c'est de vérifier : et plutôt deux fois qu'une !).

Exemples de *toc*, en vrac :

Toc de la coquette : trac de la saleté, qui implique son implacable traque. Applications : se laver les mains des dizaines de fois par jour (et éviter tout contact suspect), récurer son bureau chaque matin (il n'est jamais assez net !), inspecter le fond des verres avant d'y verser le liquide (ces lave-vaisselle laissent toujours des traces...).

Toc du doute (méthodique) : à propos des gestes simples du quotidien, n'être jamais certain de les avoir accomplis (parfois, sur le moment même...). « Ai-je fermé la porte à clef ? » : on a beau vérifier en saisissant la poignée avec vigueur, le plus efficace est de reproduire l'acte initial – on réintroduit les clefs : on rouvre et on referme le loquet (on peut partir en paix). Autre cas d'école : « Ai-je éteint le fer à repasser ? » Enfin bon, pas de panique : les plus grands de ce monde doutent de tout, y compris de leur existence. Descartes avait-il un *toc* ?

Toc du perfectionniste : obstination du symétrique, besoin abruti de rangement. Ou bien, la victime se braque sur un élément particulier avec la minutie d'un entomologiste : le tube de dentifrice est toujours placé au millimètre près sur la tablette (entre les Cotons-tiges et le déodorant, parallèlement au miroir), les chaussures ne quittent jamais leur rang... Ou bien, l'individu s'exécute sous la dictature d'une « crise » qui ne se calme que lorsque règne un ordre impeccable, d'une précision d'équerre et de compas : on voulait simplement passer l'aspirateur sur la moquette, on se retrouve à trier tous les vieux magazines et (tant qu'on y est) à astiquer le porte-journaux (il méritait quand même un petit coup de chiffon !).

Toc mental ; *tic* musculaire. Pour ce « tic »-là, les docteurs ont inventé (à tort, comme on sait) une étymologie de choc, calquée sur celle de « toc » : « trouble involontaire convulsif. » *Tic*, *toc*. Maladies, donc. Le *tic* est le toc du corps ; le *toc* est le tic de l'esprit. Le *tic* est une mimique quotidienne ; le *toc* est le quotidien des maniaques. D'un côté, les « tiqueurs », dont les visages se crispent ; de l'autre, les toqués, les gens un peu fous. Dans les deux cas : addictions à diagnostiquer au plus vite et à traiter avec tact – seul espoir de leur faire la nique !

TIMIDE
RÉSERVÉ

timide, réservé

La similitude entre ces deux caractères n'est que dans leur effet – le *timide* et le *réservé*, pratiquement, parlent aussi peu l'un que l'autre –, mais leurs causes varient.

Est *réservé* l'homme qui extériorise peu ses sentiments ; *timide*, celui qui les intériorise beaucoup. L'un a pour idéal de ne rien dévoiler, et il dévoile un peu ; l'autre aimerait montrer tout ce qu'il a sur le cœur, mais il ne dit rien (ou presque).

L'homme *réservé* veille toujours à n'en point dire trop, à s'en tenir à ce qu'il juge acquis et nécessaire ; l'homme *timide* voudrait toujours aller au-delà de ce qu'il parvient malgré tout à dire – si bien que lorsqu'il se met à parler, il arrive qu'il se sente soudain trop à l'aise et qu'il en devienne bavard.

L'individu *réservé* tient à préserver sa réserve ; le *timide* voudrait mater sa timidité.

Le *réservé* (du latin *reservare*, « retenir quelque chose d'un tout ») fait acte de prudence et ne dit que ce qu'il estime juste ; le *timide* vit dans la crainte (du latin *timidus*, « craintif », lui-même issu de *timere*, « craindre »). Le premier vit dans une relation de pudeur avec autrui, de « retenue » ; le second, dans une relation de peur. Pour en revenir à deux autres caractères déjà évoqués, le *réservé* serait proche de l'homme modeste ; le *timide*, de l'homme humble. Mesure d'une part ; faiblesse d'autre part. Ces deux attitudes, poussées au maximum, le prouvent : on parle de « réserve extrême », mais de « timidité… maladive ». On entend ici et là reprocher à quelqu'un d'être *timide* ; rarement d'être *réservé*.

Nous n'avons parlé que du caractère, qui est permanent chez l'individu ; il faut dire un mot du comportement, qui est passager. En effet, ce qui chez les uns constitue le caractère de l'être (« Il est réservé "par nature" », dit-on) n'est qu'un comportement de circonstance chez les autres. De sorte que, « par nature », l'introverti paraît toujours plus *timide* que *réservé* ; et, « selon les circonstances », l'extraverti, s'il ne peut en principe être *timide*, se montre quelquefois *réservé*.

Nous n'avons parlé que des êtres ; il ne faut pas oublier les choses. Effectivement, l'être transmet *un* caractère à l'objet de son action. Si la chose prend tel ou tel aspect définitif, elle peut être le reflet aussi bien du caractère que, selon le cas, du comportement de l'individu qui l'engendre. Il arrive qu'un homme, par nature plein d'assurance, produise un discours *réservé* ; il arrive qu'un homme, *timide* de caractère, dirige une action avec fermeté. Les « timides conseils » ne sont pas toujours prodigués pas des craintifs ; les « avis réservés » ne sont pas l'apanage des gens austères.

travail, emploi

L'*emploi* désigne le poste rémunéré ; le *travail*, sa substance. L'un est le fait d'avoir une occupation lucrative ; l'autre est l'activité elle-même. On dit « J'ai *un* emploi » ; on dit « J'ai *du* travail ». On réclame toujours moins de *travail*, et toujours plus d'*emplois* On s'accommode moins de n'avoir plus d'*emploi* que d'être sans *travail*. De l'*emploi*, on ne voit que les avantages ; du *travail*, que les inconvénients.

L'*emploi* est nécessaire pour la santé... du portefeuille ; le *travail*, pour la santé... tout court (au point qu'on entend souvent que « le travail, c'est la santé »... bien qu'on ajoute quelquefois, en chantant : « Rien faire, c'est la conserver » !) L'*emploi* serait le remède à la précarité ; le *travail*, à l'ennui. Il semble que l'appât du gain prime sur le besoin de s'occuper... Pour preuve, il y a ceux qui demandent : on parle de « demandeurs d'emploi » et non de « demandeurs de travail ». Ceux qui cherchent : on parle de « recherche d'emploi », tandis que « chercher du travail » s'entend un peu moins. Enfin, ceux qui proposent : on consulte les « offres d'emploi », pas les « offres de travail ». Les gouvernements promettent de « créer *des* emplois » ; ne faudrait-il pas au préalable « créer *de l'*emploi » (dans le sens : « créer du... travail ») ?

Si l'on s'en tient au principe évoqué plus haut

– selon lequel le *travail* est le « contenu » de l'*emploi* –, le second serait la condition *sine qua non* du premier : sans *emploi*, pas de *travail* ? Faux, bien sûr… Si l'*emploi* implique le *travail*[1], le *travail* n'implique pas l'*emploi*. Le bénévole a du *travail* ; pas d'*emploi*. L'artiste, généralement, ne réalise pas son *travail* d'artiste dans le cadre d'un *emploi*. L'étudiant (entre deux guindailles) *s'emploie* au *travail* ; il *travaillera* plus tard à trouver un *emploi*… Quiconque fait du *travail* au noir n'a pas d'*emploi*. Toute personne qui, pour une raison ou une autre, s'adonne à un *travail* (quel qu'il soit) sans contrepartie financière (déclarée) n'a pas d'*emploi*.

L'*emploi* implique une relation d'employé à employeur (mis à part le cas particulier des indépendants), donc un contrat de… *travail* ; le *travail*, s'il est fait « hors emploi », n'exige pas ce type de rapport.

Enfin, le *travail* est une occupation perverse : c'est une peine qui finit par donner de la satisfaction, voire du plaisir. D'un côté, le *travail* (du latin *tripalium*, qui désigne un instrument de torture composé de trois pieux) est un effort pénible, un labeur, une obligation, une torture (ne parlons pas du « bourreau de travail »…) ; de l'autre, le *travailleur* est celui « qui aime à travailler » (Littré)…

Ce n'est pas parce qu'on a la « tête de l'emploi » qu'on aime son *travail* ; ce n'est pas parce qu'on aime son *travail* qu'on a la « tête de l'emploi ».

Le *travail*, c'est du pain sur la planche ; l'*emploi*, c'est *le* pain sur la planche.

1. Il ne s'agit que d'une relation de principe : en effet, il n'est pas rare, dans certains secteurs, de voir les employés se tourner les pouces…

BICYCLETTE

VÉLO

vélo, bicyclette

Ces termes désignent aussi bien un véhicule qu'une activité. Mais dans un cas comme dans l'autre, aucune hésitation possible : *vélo* n'est pas *bicyclette*.

Sauf que. De nos jours, on entend de moins en moins « bicyclette ». Néanmoins, ce mot a la délicatesse de ne pas entraîner totalement la réalité (son « référent ») dans sa disparition. On dit « Je vais faire un tour à vélo », mais on enfourche une *bicyclette*. On dit « Je vais au travail à vélo », mais l'on s'y rend à *bicyclette*. Tout se passe comme si chacun savait qu'il y a vélo et vélo : le *vélo* d'Indurain et le *vélo* du dilettante, le *vélo* du cycliste (en tenue pro : mitaines, casque, chaussures à cale-pieds automatiques, cuissard et maillot aux couleurs de Quickstep, bien qu'un équipement plus ancien – disons, PDM – fasse toujours son effet...) et le *vélo* du vélocipédiste (selon le temps : jean, pull, gros manteau, bermuda, tee-shirt...). La forme de la machine a un rôle non négligeable : le « vélo de course » se prête à l'effort sportif, donc au *vélo* ; le « vélo traditionnel », à la balade, donc à la *bicyclette*. Mais ce n'est là qu'une règle à laquelle tend à nous faire croire la forme : le « vélo de course » peut aussi bien se conduire comme une *bicyclette*, en tenue de ville et au pas ; le « vélo traditionnel » peut franchir des cols et avaler les kilomètres.

Restons sur ce braquet[1] et poursuivons notre… développement – où l'on apprend comment la *bicyclette* n'existe plus et existe toujours – par quelques approches générales…

Le *vélo* se pratique avec les jambes ; la *bicyclette*, avec les yeux. Le *vélo* sollicite la respiration ; la *bicyclette*, l'inspiration. Le *vélo* est aux athlètes ; la *bicyclette*, aux poètes, aux solitaires, aux amoureux. La *bicyclette*, pour Bourvil comme pour Montand, est un instrument de séduction que l'on abandonne librement dans les fougères pour rejoindre Paulette au bord de l'eau…

Le *vélo* se pratique en « contre-la-montre » ; la *bicyclette*, sans la montre.

Le *vélo* sillonne les routes[2] ; la *bicyclette*, les chemins. Le *vélo* est une fin ; la *bicyclette*, un moyen. On « fait » du *vélo* ; on roule à *bicyclette*.

Le *vélo* est plutôt masculin et acrobatique – avec son cadre en triangle, sa selle étroite et ses pneus fins (quand ce ne sont plus des « boyaux ») ; la *bicyclette* a un aspect plutôt féminin et rassurant – avec

1. Terme bien connu des amateurs de *vélo*, qui désigne le rapport de démultiplication entre la denture d'un plateau et celle d'un pignon de la roue arrière. Le braquet détermine le développement, c'est-à-dire la longueur parcourue en un tour de pédale.

2. Le *vélo* peut aussi se pratiquer à domicile : on parle de « vélo d'appartement » (version soft) ou de « rouleaux » (version pro) ; impensable à *bicyclette* !

son cadre sans barre horizontale, sa selle à ressorts confortable, ses pneus épais et sa sonnette. Le « vélo traditionnel » est d'ailleurs parfois appelé « vélo de femme ». « Vélo d'Amsterdam » pourrait également convenir, comme le chante Vincent Baguian : « Les vélos d'Amsterdam font des beaux culs aux dames… »

Et le Tour de France, me direz-vous, *bicyclette* ou *vélo* ? Hier, les professionnels couraient à *bicyclette* ; aujourd'hui, à *vélo*. Parcourant la revue publiée par *L'Équipe* en 1953 pour célébrer les cinquante ans du Tour, laissant glisser mes yeux sur les encarts publicitaires, je lis beaucoup de « bicyclette », quelques « vélocipède », peu de « vélo »… Même constat dans *Les Forçats de la route*, récit de la Grande Boucle de 1924, écrit par Albert Londres. Aujourd'hui, le mot « bicyclette », en parlant de la compétition, contient toute cette période et le prononcer suffit presque à susciter la nostalgie de la vieille France de la première moitié du XXe siècle. Qu'on ne s'y méprenne pas cependant… Le Tour était une épreuve dantesque : étapes de quatre cents kilomètres, de jour et de nuit, cols pour la première fois franchis, réparations techniques à effectuer soi-même…

En un siècle, le sport cycliste et le langage ont évolué ; la roue tourne : le *vélo* est devenu le métier ; la *bicyclette*, le loisir – bien que certains, à savoir les cyclotouristes ou cyclosportifs, généralement le dimanche matin, imitent les cyclistes professionnels en prétendant que c'est un loisir : la *bicyclette* se fait *vélo*.

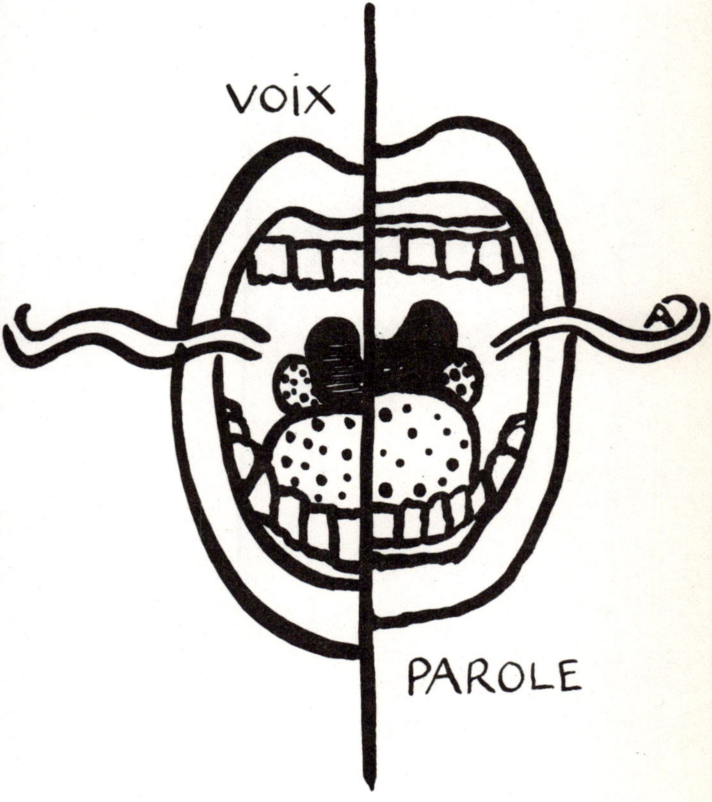
VOIX
PAROLE

voix, parole

Vraiment, qu'y a-t-il de commun entre de « belles paroles » et une « belle voix », des « paroles basses » et une « voix de basse », un « porte-voix » et un « porte-parole », la « parole de Dieu » et une « voix divine », « donner la parole » et « donner de la voix », « perdre la parole » et « être sans voix », « sur parole » et « en voix »… ?

Voilà des mots qui ne sont pas synonymes mais qu'on aimerait tant rapprocher. *Voix*, *parole*. Association qui résonne comme l'évidence du couple. Union de deux éléments distincts qui ne pourraient exister l'un sans l'autre. Pas de *paroles* sans *voix* ; pas de *voix* sans *paroles*.

D'une part, à s'en tenir, *stricto sensu*, à la définition « technique », la *parole* est la « faculté de communiquer la pensée par un système de sons articulés émis par la voix » (Le Robert). La *voix* engendre la *parole*.

D'autre part, il me semble que la *voix* ne doit sa présence qu'aux *paroles* qui la révèlent : à son tour, la *parole* engendre la *voix*. Je vous sens bondir : ne peut-on pas utiliser sa *voix* sans « parler », en dehors de tout langage ? Sans doute. Mais cette *voix*-là ne me paraît pas accomplie (ce n'est qu'une « mise en voix », autrement dit une mise en bouche : la cantatrice ne délivre sa *voix* qu'en interprétant le livret ; quant aux chanteuses « à voix » qui n'hésitent pas à garder le chant dans les passages sans *paroles* : peut-on encore parler de *voix* ?).

Ainsi vois-je la *voix* : liée à la *parole*. Pas tout à fait cependant. Si la *parole* donne accès à la *voix*, on ne jouit pleinement de la *voix* qu'en faisant « comme si » on n'écoutait plus les *paroles*... Pénétration et détachement. Christian Bobin, mieux que personne, se fait ici mon porte-parole : « Je prends un plaisir fou à entendre sa voix, l'entendre pas l'écouter, les mots n'ont pas si grande importance [...]. Que ma mère me fasse part de ses idées sur le mariage ou qu'elle me détaille la recette du lapin aux groseilles, c'est pareil. Les paroles changent, la voix demeure. »

Des livres que j'affectionne, j'oublie souvent l'histoire, les *paroles*, mais j'entends toujours la *voix* de l'écriture. Pourtant, sans les mots qu'aurais-je su de cette musique ?

La boîte à bonbons

DANS LA MÊME COLLECTION

UN AVANT-GOÛT DE...

Motamorphoses
À chaque mot son histoire
Daniel Brandy

Dans une langue élégante et drôle, Daniel Brandy relève ici un véritable défi : rendre à la fois savoureuse et accessible l'histoire des mots, tout en gardant la plus extrême rigueur. De courts chapitres pour comprendre les origines, l'évolution et les avatars des mots de tous les jours.

Points n° P1544

Que faire des crétins ?
Les perles du Grand Larousse
Pierre Larousse
Présentation de Pierre Enckell

Commentaires absurdes, prises de position totalement subjectives, préjugés sexistes ou racistes, aberrations « scientifiques »... Pierre Enckell, lexicographe obsédé, traque les fautes commises ou admises par Pierre Larousse lui-même, et met en lumière ces définitions dont la lecture aujourd'hui est consternante... ou hilarante. Pierre Desproges n'aurait pas fait mieux.

Points n° P1543

L'habit ne fait pas le moine
Petite histoire des expressions
Gilles Henry

Dans la lignée d'un Claude Duneton, sous forme d'un dictionnaire aux articles concis, clairs et précis, ce livre propose de remonter aux sources historiques et étymologiques des expressions imagées et d'en éclairer le sens. Une invitation au voyage dans les images de la langue française…

Points n° P1545

Petit Fictionnaire illustré
Les mots qui manquent au dico
Alain Finkielkraut

Pourquoi ne pas renouveler la langue française ? Sous la forme d'un petit recueil de néologismes et de mots-valises, voici un dictionnaire d'un nouveau genre. Autour de définitions hilarantes, farfelues et pourtant d'une logique sans faille, Alain Finkielkraut joue avec les mots et nous fait partager son goût pour la poésie, l'humour et la philosophie.

Points n° P1546

Le Pluriel de bric-à-brac
et autres difficultés de la langue française
Irène Nouailhac

Voici recensées en un seul volume les principales embûches et chausse-trappes de la langue française dans lesquelles tombent les plus habiles d'entre nous. Orthographe trompeuse, syntaxe chahutée, prononciation difficile, pluriels irréguliers, pléonasmes à éviter etc. Toutes les réponses aux questions que l'on se pose dans l'usage courant de la langue.

Inédit, Points n° P1547

RÉALISATION : CURSIVES À PARIS
IMPRESSION : CPI BRODARD ET TAUPIN À LA FLÈCHE
DÉPÔT LÉGAL : SEPTEMBRE 2006. N° 89092-4 (54207)
IMPRIMÉ EN FRANCE